A PROVIDÊNCIA CAUTELAR DE ARBITRAMENTO DE REPARAÇÃO PROVISÓRIA

JOÃO CURA MARIANO
Juiz

A PROVIDÊNCIA CAUTELAR DE ARBITRAMENTO DE REPARAÇÃO PROVISÓRIA

2.ª Edição

Revista e Aumentada

A PROVIDÊNCIA CAUTELAR DE ARBITRAMENTO
DE REPARAÇÃO PROVISÓRIA

AUTOR
JOÃO CURA MARIANO

EDITOR
EDIÇÕES ALMEDINA, SA
Rua da Estrela, n.º 6
3000-161 Coimbra
Tel.: 239 851 904
Fax: 239 851 901
www.almedina.net
editora@almedina.net

PRÉ-IMPRESSÃO • IMPRESSÃO • ACABAMENTO
G.C. – GRÁFICA DE COIMBRA, LDA.
Palheira – Assafarge
3001-453 Coimbra
producao@graficadecoimbra.pt

Outubro, 2006

DEPÓSITO LEGAL
248574/06

Os dados e as opiniões inseridos na presente publicação
são da exclusiva responsabilidade do(s) seu(s) autor(es).

Toda a reprodução desta obra, por fotocópia ou outro qualquer processo,
sem prévia autorização escrita do Editor,
é ilícita e passível de procedimento judicial contra o infractor.

NOTAS PRÉVIAS

Este estudo teve a sua origem no texto do relatório final por mim apresentado, em Outubro de 2002, na disciplina de Direito Processual, do Curso de Mestrado, da Faculdade de Direito da Universidade Católica Portuguesa, regida pelo Prof. Dr. Inocêncio Galvão Telles, a quem agradeço todos os sábios ensinamentos e conselhos.

Esta 2.ª edição, além das inevitáveis correcções e actualizações, aborda algumas questões esquecidas na edição anterior e introduz um novo capítulo dedicado às especialidades do novo processo civil experimental, aprovado pelo D.L. nº 108/06, de 8 de Junho, em matéria de procedimentos cautelares.

A referência a obras doutrinárias ou a decisões jurisprudenciais em nota de rodapé, sem qualquer indicação, significa que a ideia expressa no texto, assinalada com a respectiva nota, consta daquelas obras e arestos, nos locais mencionados.

Os livros e artigos citados em nota de rodapé são referidos pelo nome do autor, o título, algumas vezes abreviado, e o local de publicação, no caso dos artigos de revista. O título integral, a editora do livro, o ano e o número da edição são referidos na indicação final da bibliografia consultada.

Não se considerou jurisprudência respeitante a arestos cuja publicação se reduz ao seu sumário.

Apenas se teve em consideração a legislação, obras doutrinárias e jurisprudência publicadas até 15 de Setembro de 2006.

ABREVIATURAS

A.A.F.D.L.	– Associação Académica da Faculdade de Direito de Lisboa
B.F.D.U.C.	– Boletim da Faculdade de Direito da Universidade de Coimbra
B.G.B.	– Bürgerliches Gesetzbuch
B.M.J.	– Boletim do Ministério da Justiça
C.C.	– Código Civil
C.J.	– Colectânea de Jurisprudência
C.J. (Ac. do S.T.J.)	– Colectânea de Jurisprudência – Acordãos do Supremo Tribunal de Justiça
C.P.C.	– Código de Processo Civil
C.P.P.	– Código de Processo Penal
C.R.P.	– Constituição da República Portuguesa
R.L.J.	– Revista de Legislação e Jurisprudência
R.O.A.	– Revista da Ordem dos Advogados
S.T.J.	– Supremo Tribunal de Justiça
ZPO	– Zivilprozeßordnung

I – INTRODUÇÃO

É hoje um lugar comum dizer-se que a justiça atravessa uma crise de eficácia.

Como reflexo tardio de um somatório de muitas outras crises, indiciador do fim de uma civilização, no início dos anos 80, começou a dizer-se, num discurso que se vem repetindo, que o sistema judicial entrou em ruptura e que não consegue dar resposta eficaz às necessidades de resolução dos conflitos entre os homens.

O progresso tecnológico, sobretudo no domínio dos meios de comunicação e informação à distância, veio imprimir à vida um ritmo de tal modo vertiginoso, absorvente e globalizante, que as instituições laboriosamente criadas, a partir dos finais do século XIX, num modelo de aplicação de uma justiça cautelosa, garantista e segura, viram-se impotentes para intervir neste inesperado mundo novo, sem qualquer aviso prévio. A surpresa causada pela velocidade da história e o receio do desequilíbrio de um sistema tão pensado e aparentemente tão perfeito, não permitiu uma adequação antecipada e reflectida à revolução civilizacional em curso, pelo que as múltiplas reacções a que vimos assistindo não fogem aos rótulos de tardias, tímidas e parcelares.

Preferindo-se ignorar, num nevoeiro de valores, que a crise da justiça é também uma crise de identidade, têm-se procurado soluções alternativas, sobretudo ao nível do processo, enquanto quadro das regras do exercício da função jurisdicional, expressão viva do princípio da legalidade.

E, sendo a morosidade processual um dos pontos mais visíveis da referida crise da justiça, multiplicaram-se as declarações de intenções, as iniciativas, as ideias e as alterações legislativas, na procura de soluções para reduzir o tempo de demora dos processos, com vista a abreviar não só o momento de prolação da decisão e da sua estabilização, com o trânsito em julgado, mas também o da sua intervenção eficaz na realidade em conflito. Como as providências cautelares tiveram, na sua génese, precisamente, permitir que as decisões judiciais actuassem na realidade de uma forma eficaz e atempada, impedindo a sua chegada tardia, não é estranho que aquelas atenções também tenham recaído sobre as medidas cautelares. Até porque os exageros acentuados na morosidade da acção declarativa, cada vez mais suscitam o recurso, algumas vezes abusivo[1], à utilização das providências cautelares, como meio não só de garantir a imobilização da realidade durante o tempo de vida do processo, mas também de obter antecipadamente os efeitos da tutela pretendida, evitando-se uma espera desesperante e danosa.

Pese embora ter sido muitas vezes anunciada uma revolução sistemática desta matéria, com a criação de um procedimento único, com recurso a uma cláusula geral aberta à integração pela doutrina e pela jurisprudência, dotada de um conjunto mínimo de regras que permitisse a sua flexibilização e adequação ao caso concreto, com reforço dos princípios do inquisitório, por ora, as mudanças introduzidas foram de simples aperfeiçoamento do sistema construído pelo Código de 1939 e substancialmente melhorado pela reforma de 1961.

Na verdade, a reforma do C.P.C. de 1995/1996, além de algumas correcções e precisões pontuais que em nada alteraram o figurino anterior, limitou-se a proceder a uma melhor arrumação interna desta matéria, tendo como único ponto inovador, num sentido inverso à orientação anunciada, a criação de uma nova providência cautelar típica de características antecipatórias – o arbitramento de reparação provisória.

Suscitada pela sensibilidade do sintoma de ruptura do sistema judicial, que consistia no tardio pagamento de indemnizações nos casos de sinistralidade, a criação desta nova providência cautelar

---

[1] Sobre a utilização abusiva das providências cautelares antecipatórias pode ler-se LUIZ GUILHERME MARIONI, em *"A consagração da tutela antecipatória na reforma do C.P.C."*, em *"Reforma do Código de Processo Civil"*, pág. 123-128.

visou incentivar uma rápida actuação na satisfação das indemnizações, limitada aos casos em que estivesse em perigo a sobrevivência digna dos titulares do respectivo direito. Medida cuja necessidade de tipificação é duvidosa, perante a abrangência permitida pelos termos abertos da cláusula geral de admissibilidade das medidas cautelares não especificadas, e cujos limites apertados estreitam a sua possibilidade de utilização, como a prática vem reflectindo.

Essa tipificação, pelas expectativas de utilização que poderá ter criado e pela frustração das mesmas, poderá, contudo, ter a virtualidade de suscitar a questão da criação de novos meios de tutela antecipada e provisória dos direitos judicialmente reclamados, para além das providências cautelares de cariz antecipatório[2]. São esses novos meios de tutela, libertos do requisito da existência de uma situação de perigo para o direito acautelado[3], justificativa das providências cautelares, que podem vir a permitir uma resposta mais generalizada aos anseios de uma intervenção eficaz do sistema judicial na resolução dos conflitos, pondo termo ao uso abusivo da tutela cautelar[4].

Apesar de tudo o que se disse, a novidade da figura justifica o seu estudo, com o objectivo de definir os seus contornos e o seu regime, além de permitir, no seu enquadramento sistemático, uma teorização da figura jurídica da providência cautelar.

É isso que iremos procurar fazer.

---

[2] Adoptando-se institutos semelhantes ao *"référé"*, figura do direito processual civil francês, belga ou luxemburguês, ou da *"tutela antecipatória"*, do C.P.C. Brasileiro, ou da *"einstweilige Verfügung"*, do ZPO alemão. Sobre estas figuras, vide CÉLIA PEREIRA, em *"Arbitramento de reparação provisória"*, pág. 61-66.

[3] Meios que apenas tenham em consideração que a demora fisiológica ou patológica do processo civil exige que se reparta entre as partes os riscos resultantes desse tempo de espera, com prevalência daquela que aparenta ter maior probabilidade de vencer a lide.

[4] ISABEL CELESTE FONSECA, em *"Introdução ao estudo sistemático da tutela cautelar no processo administrativo"*, pág. 70.

II – A FIGURA DA PROVIDÊNCIA CAUTELAR NO PROCESSO CIVIL

1. Conceito e natureza

Toda a decisão, como resultado, é antecedida de um percurso preparatório que a ela conduz.

É o processo civil, como conjunto de normas que regulam o exercício da função jurisdicional em matéria cível, que prevê e define toda a sequência de actos jurídicos que antecede a decisão final sobre os litígios nessa área. E estes actos prolongam-se no tempo. É preciso um tempo para a exposição da situação conflituosa ao tribunal, é preciso um tempo para a realização das diligências instrutórias necessárias para apurar a factualidade em causa, é preciso um tempo para se obter uma decisão ponderada e rigorosa e, finalmente, por vezes, é também preciso um tempo para se executar a decisão tomada.

E a soma de todos estes tempos provoca uma dilação entre o momento da apresentação do litígio ao tribunal e o momento da decisão, ou da sua execução, o que permite uma alteração deliberada ou não da realidade ou a simples permanência desta no tempo, fenómenos que podem afectar decisivamente a eficácia ou utilidade da medida heterotutelar pretendida. Uma dilação que é inevitavelmente demorada em qualquer sistema processual civil, obediente aos princípios do contraditório, da busca da verdade material, da motivação e do duplo grau de decisão, entre outros.

Como referiu ALBERTO DOS REIS[5]:

> *"A demora no julgamento final e definitivo é, dentro dos limites razoáveis, um facto normal, impossível de remover.*

---

[5] No *"Código de Processo Civil anotado"*, vol. I, pág. 624.

Mas essa demora pode, em certas circunstâncias, criar um estado de perigo, porque pode expor o titular do direito a danos irreparáveis; pode, na verdade, suceder que até à altura da emanação da decisão final se produzam ocorrências graves, susceptíveis de comprometer a utilidade e a eficácia da sentença. O processo foi instruído, discutido e julgado com a ponderação indispensável para se obter uma decisão justa; mas essa decisão porque vem muito tarde já não serve de nada, ou serve de muito pouco: o interessado obrigado a esperar longo tempo pelo reconhecimento do seu direito, foi vítima de prejuízos que a sentença já não pode apagar".

Por isso, tem-se procurado atenuar os efeitos perniciosos dessa demora na acção, através de múltiplos e diferentes mecanismos amortecedores, como sejam a atribuição de efeitos substantivos aos actos de propositura de acção[6], de citação[7] e de registo da acção[8], a possibilidade de ampliação do pedido[9] e de condenação em prestações vincendas[10], a exequibilidade de títulos extrajudiciais[11], e, de um modo geral, a criação de figuras e institutos que antecipam a eficácia da decisão definitiva ou congelam a realidade, ou os meios necessários à prolação ou à execução da futura e eventual decisão, durante o decurso do processo.

Toda essa panóplia de recursos processuais procura conferir uma variedade de figuras de intervenção judicial prévia que diminua a possibilidade de utilização de meios de autotutela, onde

---

[6] Impede a caducidade de alguns direitos (art.º 331.º, do C.C.) e determina o início da contagem do prazo de cinco dias a partir do qual se presume a interrupção da prescrição, nos termos do art.º 323.º, n.º 2, do C.C..

[7] Determina a cessação da boa-fé do possuidor (art.º 481.º, a), do C.P.C.), pode constituir o devedor em mora (art.º 805.º, n.º 1, do C.C.) e interrompe o prazo prescricional (art.º 323.º, n.º 1, do C.C.).

[8] Relativamente a terceiros adquirentes de bens, nos termos dos art.º 271.º, n.º 3, do C.P.C., 291.º, e 243.º, n.º 3, do C.C..

[9] Nos termos permitidos pelo art.º 273.º, do C.P.C..

[10] Nos termos dos art.º 472.º e 662.º, do C.P.C..

[11] Enumerados nas alíneas b), c) e d), do art.º 46.º, do C.P.C..

sobressai a acção directa, a qual é uma *"forma primária e grosseira"*[12] de realização da justiça.

Entre essas figuras avulta a das providências cautelares, que alcança a sua autonomia teorética e sistemática[13] pela função que estas desempenham no processo civil[14].

<u>As providências cautelares, no processo civil, são medidas destinadas a remover uma situação de perigo iminente e concreto que ameaça o direito cuja tutela foi ou irá ser solicitada às instâncias do poder judicial, em matéria cível, resultante da duração do processo destinado a realizar essa tutela</u>. É essencialmente o combate a uma situação concreta de *periculum in mora*, ocorrida num processo principal já iniciado, ou a iniciar, que justifica a utilização das providências cautelares.

Em primeiro lugar, é a sua função meramente instrumental que as distingue das providências definitivas, tomadas como resultado final do processo civil[15]. Não a instrumentalidade que qualquer processo reveste perante o direito substantivo cuja tutela procura realizar, mas uma instrumentalidade relativa a essa tutela de cariz definitivo. Na verdade, as providências cautelares não se des-

---

[12] Nas palavras de ANTUNES VARELA, em *"Das obrigações em geral"*, vol. I, pág. 553.

[13] Essa autonomia tem sido procurada desde o movimento codificador da segunda metade do século XIX, quer pela doutrina, quer pelos sucessivos legisladores.

[14] CALAMANDREI, em *"Introduzione allo studio sistematico dei provvedimenti cautelari"*, pág. 15 e seg. e 143 e seg., CARNELUTTI, em *"Sistema di diritto processuale"*, 1.º vol., pág. 206, ALBERTO DOS REIS, em *"A figura do processo cautelar"*, no B.M.J. n.º 3, pág. 32, e ISABEL CELESTE FONSECA, em *"Introdução ao estudo sistemático da tutela cautelar no processo administrativo"*, pág. 71.

[15] Daí que não sejam providências cautelares, apesar de reagirem contra uma situação de perigo, por não serem instrumentais de qualquer outra medida definitiva, tendo elas já esse cariz, medidas como, por exemplo, as tomadas nas acções de prevenção da posse (art.º 1276.º, do C.C.), de tutela preventiva da personalidade, do nome e da correspondência confidencial (art.º 70.º, n.º 2, do C.C. e 1474.º, do C.P.C.), de confiança de menor a terceira pessoa ou a estabelecimento de educação e assistência (art.º 1918.º, do C.C.), de protecção dos bens dos menores (art.º 1920.º, do C.C.) ou inibitórias preventivas para defesa do consumidor (art.º 10.º, da Lei 24/96).

tinam a solucionar, com autonomia, uma situação de conflito, mas apenas a assegurar que as soluções definitivas possam ser adoptadas pelas instâncias jurisdicionais, sem que o decurso do tempo as inviabilize ou prejudique. São simples instrumentos dessas decisões definitivas, concebidos para intervirem em casos de urgência, de forma a assegurar que aquelas consigam conceder às partes idêntica satisfação de interesses à que elas obteriam através da realização "pacífica" dos seus direitos. São, nas palavras de CALAMANDREI, *"a garantia da garantia judiciária"*[16].

É essa instrumentalidade directa, relativa à tutela do direito substantivo visada pelo processo principal, que permite distinguir as providências cautelares dos simples meios de antecipação da produção de determinados actos processuais[17]. Nas providências cautelares, o direito acautelado em virtude da situação de risco em que se encontra é de natureza substantiva-material, sendo ele o fundamento da causa principal, da qual a providência cautelar é instrumental, enquanto naquelas medidas de antecipação, o direito acautelado é um direito processual (o direito à produção da prova, o direito à venda de bens penhorados).

Encontram-se nesta última moldura a produção antecipada de prova (art.º 520.º e seg., do C.P.C.), a venda antecipada de bens

---

[16] Em *"Introduzione allo studio sistematico dei provvedimenti cautelari"*, pág. 21.

[17] Em sentido contrário ISABEL CELESTE FONSECA, em *"Introdução ao estudo sistemático da tutela cautelar no processo administrativo"*, pág. 131.

RODRIGUES BASTOS, em *"Notas ao Código de Processo Civil"*, vol. II, pág. 159, defende que a produção antecipada de prova deveria inserir-se no regime das providências cautelares, seguindo-se assim a solução adoptada por algumas legislações, como a francesa, a belga e a italiana, enquanto ABRANTES GERALDES, em *"Temas da reforma do processo civil..."*, vol. III, pág. 73, procura o critério distintivo na ausência de provisoriedade destas medidas. Se é certo que essa característica das providências cautelares não se verifica na produção antecipada de prova, tal circunstância resulta da provisoriedade ser uma consequência da função instrumental. Já na fundamentação do Acórdão da Relação de Lisboa, de 12-10-1995 (C.J., Ano XX, tomo 4, pág. 109), relatado por SILVA PEREIRA, além de serem apontadas as diferenças de características e regime entre as providências cautelares e a produção antecipada de prova, procura-se obter um critério distintivo nas diferentes funções das duas figuras.

penhorados que corram riscos de deterioração ou depreciação (art.º 886.º – C, do C.P.C.[18]), e a venda antecipada dos bens dados em penhor (art.º 674.º, do C.C. e 1013.º, do C.P.C.) Em todos estes casos também existe uma situação de risco, resultante da demora normal do decurso de um processo, que urge prevenir. Mas, a sua relação instrumental não é imediata com a tutela do direito substantivo visada pelo processo principal, mas sim com a tutela de direitos de índole processual, a exercer naquele, pelo que só mediatamente é que se podem considerar instrumentais daquela tutela do direito substantivo.

A dificuldade duma demarcação facilmente perceptível entre a diferente finalidade destas figuras tem levado a que algumas vezes se procure utilizar ilegitimamente as providências cautelares, como meio de recolha antecipada de elementos probatórios, de modo a evitar-se o contraditório que caracteriza o regime da recolha antecipada de prova, previsto nos art.º 520.º e seguintes do C.P.C., com o intuito de não prejudicar a eficácia das diligências de recolha de prova[19]. Foi o próprio legislador quem incentivou essa confusão de institutos ao não prever a prova por documentos, nas hipótese de produção antecipada de prova (art.º 520.º, do C.P.C.), e ao permitir, entre as providências cautelares, o arrolamento de documentos de que haja receio de extravio, ocultação, ou dissipação[20].

Tem-se dito que esta instrumentalidade é meramente hipotética, porque a providência é decretada com base na mera pressuposição de que o direito acautelado existe, não se verificando um

---

[18] Este artigo foi aditado pelo D.L. 38/2003, substituindo o anterior 851.º, do C.P.C., na redacção anterior à aprovação daquele diploma.

[19] Sobre esta utilização indevida das providências cautelares, numa visão algo benevolente, leia-se ABRANTES GERALDES, em *"Temas da reforma do processo civil..."*, vol. III, pág. 73-86

O Acórdão da Relação de Évora de 7-6-1990, na C.J., Ano XV, tomo 3, pág. 283, relatado por ANTÓNIO PEREIRA, foca um caso da mencionada utilização indevida das providências cautelares.

[20] LEBRE DE FREITAS, MONTALVÃO MACHADO e RUI PINTO, em *"Código de Processo Civil anotado"*, vol. 2.º, pág. 159, defendem que o regime do art.º 520.º rege a produção antecipada de meios de prova constituendos, enquanto no arrolamento se prevê a apreensão de meios de prova pré-constituídos.

estado de certeza quanto a essa existência e, consequentemente, quanto à tutela definitiva daquele[21]. Se é certo que a maior parte[22] das providências cautelares são decretadas sem ter existido um reconhecimento judicial definitivo da existência do direito protegido, a sua adopção não se baseia em mera pressuposição obtida através de um juízo hipotético, mas sim num juízo de probabilidade (o *fumus boni juris*), pelo que parece mais correcto designar-se esta instrumentalidade de presuntiva[23], porque baseada numa aparência.

Em segundo lugar, é a sua função de protecção a uma situação de perigo concreto que as distingue de outros meios de intervenção instrumental, de mera prevenção abstracta ou simplesmente antecipatórios da providência definitiva.

Situação de perigo, para estes efeitos, é qualquer circunstancialismo que se revela idóneo, num juízo de probabilidade, a afectar negativamente um bem ou um interesse juridicamente protegido. O perigo que se procura esconjurar é o resultante da demora da adopção e execução da providência definitiva a tomar no processo principal (o *periculum in mora*), sendo necessária uma relação de causa e efeito entre a existência duma ameaça de dano, ou de prejuízo, para a tutela do direito, e a demora natural do processo

---

[21] CALAMANDREI, em *"Introduzione allo studio sistematico dei provvedimenti cautelari"*, pág. 58 e seg, ALBERTO DOS REIS, em *"A figura do processo cautelar"*, no B.M.J. n.º 3, pág. 45, PALMA CARLOS, em *"Projecto de alteração de algumas disposições dos livros I e III, do Código de Processo Civil"*, no B.M.J. n.º 102, pág. 13, CASTRO MENDES, em *"Direito processual civil"*, I vol., pág. 299, da ed. da A.A.F.D.L., GUERRA DA MOTA, em *"Manual da Acção Possessória"*, vol. II, pág. 48, LUSO SOARES, em *"Direito processual civil"*, pág. 48, ABRANTES GERALDES, em *"Temas da reforma do processo civil..."*, vol III, pág. 43-44, RITA LYNCE DE FARIA, em *"A função instrumental da tutela cautelar não especificada"*, pág. 35-38, SÓNIA TEIXEIRA, em *"As medidas cautelares aplicadas ao processo por incumprimento..."*, na R.O.A., Ano 58 (1998), vol. II, pág. 891, e CÉLIA PEREIRA, em *"Arbitramento de reparação provisória"*, pág. 52.

[22] Isso não sucede nas providências instrumentais de um processo executivo de sentença transitada em julgado.

[23] ENRICO DINNI e GIOVANNI MAMMONE, em *"I provvedimenti d'urgenza nell diritto processuale civile e nell diritto del lavoro"*, pág. 42, adoptam esta terminologia.

principal. O perigo é só aquele que é intrínseco à duração do processo ou é favorecido por este[24].

Esse perigo pode ser o da ineficácia da tutela definitiva pretendida, procurando aí a providência cautelar manter estática a situação de facto que fundamenta o exercício do respectivo direito; o do início, continuação ou repetição de lesão de um direito, com consequências danosas, antecipando a providência cautelar os efeitos da providência definitiva, durante o decurso do processo principal, de modo a evitar a produção daquelas consequências nesse período temporal; ou o da insatisfação da tutela definitiva declarada, assegurando a providência cautelar a conservação dos meios necessários à execução daquela[25].

O legislador não se limitou a prever medidas instrumentais de intervenção em casos de urgência, motivadas pela verificação de situações de perigo real causadas ou favorecidas pela demora do processo, tendo também consagrado diversas medidas que visam prevenir a eficácia da decisão final, face a um perigo abstracto, ou permitir a sua satisfação antecipada, de modo a abreviar os efeitos práticos do processo.

Entre as medidas preventivas de um perigo abstracto, legalmente ficcionado, podemos citar, a título de exemplo, a prestação de caução incidental, como sucede com as cauções previstas nos art.º 47.º, n.º 3, 47.º, n.º 4, 550.º, n.º 2, 693.º, n.º 2, 777.º, e 818.º, todos do C.P.C., cujo processo se encontra regulado nos art.º 981.º e seg. do C.P.C., ex vi do art.º 990.º, do mesmo Código, e o depósito incidental, previsto nos art.º 1031.º e 1032.º, do C.P.C..

Entre as medidas meramente antecipatórias referimos, a título de exemplo, a exequibilidade de algumas sentenças não transitadas em julgado (art.º 47.º, n.º 1, do C.P.C.), a possibilidade de ordenar

---

[24] FERRUCCIO TOMMASEO, em *"I provvedimenti d´urgenza – strutura e limiti della tutela anticipatoria"*, pág. 133.

[25] ENRICO DINNI e GIOVANNI MAMMONE, em *"I provvedimenti d' urgenza nell diritto processuale civile e nell diritto del lavoro"*, pág. 42, PASQUALE FRISINA, em *"La tutela antecipatoria: profili funzionali e strutturali"*, na Rivista di Diritto Processuale, 1986, pág. 373-383, e ISABEL CELESTE FONSECA, em *"Introdução ao estudo sistemático da tutela cautelar no processo administrativo"*, pág. 116-118.

a manutenção ou restituição da posse no despacho saneador, sem apreciação do mérito da causa (art.º 510.º, n.º 5, do C.P.C.), a confiança judicial de menor com vista a uma futura adopção (art.º 1978.º, do C.C.), a regulação provisória do poder paternal dos filhos do casal e a atribuição provisória da casa de morada de família, na pendência das acções de divórcio ou separação litigiosas (art.º 1407.º, n.º 7, do C.P.C.), a condenação no pagamento da parte da indemnização já provada na fase declarativa (art.º 565.º, do C.C.) e a restituição provisória de posse (art.º 1279.º, do C.C.).

Esta última medida consta do C.P.C., como uma providência cautelar expressamente prevista e tipificada, limitando-se o legislador a exigir para o seu decretamento a verificação duma situação de esbulho violento (art.º 393.º, do C.P.C.)[26]. Não sendo necessária a existência duma situação de perigo relativamente à eficácia da futura medida definitiva de restituição ou de consequências danosas resultantes do esbulho ocorrido[27], inerente à demora do processo principal, não se verifica nesta medida o requisito funcional de evitar o *periculum in mora*, que define uma providência cautelar[28]. O legislador, aqui, foi antes sensível a uma ideia de necessidade de rapidez de actuação na manutenção da paz no domínio das coisas, especialmente como reacção a situações de violência, como forma de evitar o recurso a formas de autotutela, tendo utilizado indevidamente para esse efeito a figura do processo cautelar. Opção de política legislativa ao arrepio de um rigor sistemático e perturbador duma construção autonómica da figura da providência cautelar.

Ora, todas estas figuras não são justificadas pela existência duma qualquer situação de perigo concreto, podendo apenas con-

---

[26] Foi o C.P.C. de 1939 quem veio integrar a restituição provisória de posse nos então chamados "processos preventivos e conservatórios", que a reforma de 1961 veio denominar de providências cautelares.

[27] Na nossa opinião, o dano, como prejuízo, não é consequência necessária do esbulho violento, pois não defendemos a existência de um dano de privação de uso abstracto.

[28] GUERRA DA MOTA, em *"Manual da acção possessória"*, II vol., pág. 55 e 106, MARIA DOS PRAZERES BELEZA, em *"Procedimentos cautelares"*, na *"POLIS – Enciclopédia Verbo da sociedade e do estado"*, vol. 4, pág. 1505, e ABRANTES GERALDES, em *"Temas da reforma do processo civil..."*, vol. III, pág. 98-99.

figurar-se no fundamento de algumas delas uma situação de perigo abstracto, legalmente presumida, relativamente à eficácia da decisão definitiva, e, noutras, uma necessidade de antecipação da decisão definitiva, indiferente a qualquer situação de risco.

É a falta daquele requisito funcional – a prevenção duma situação de perigo concreto inerente à demora do processo principal – que não deve permitir que esses meios se confundam com as providências cautelares.

Como expressão do direito constitucional do livre acesso aos tribunais (art.º 20.º, da C.R.P.), o art.º 2.º, n.º 2, do C.P.C., estabelece que *"a todo o direito...corresponde uma acção adequada a fazê-lo reconhecer em juízo, a prevenir ou reparar a violação dele e a realizá-lo coercivamente, bem como os procedimentos necessários para acautelar o efeito útil da acção"*.

Além do direito de acção, contempla-se também aqui o direito a requerer a adopção de medidas que acautelem os efeitos úteis daquela, entre as quais se contam as providências cautelares.

Estamos perante o simples direito processual de obtenção de uma decisão jurisdicional, independentemente do seu sentido e conteúdo[29], que não se confunde nem com o direito subjectivo, cuja tutela se pretende proteger com essas medidas de urgência, nem com o direito a obter uma providência cautelar (direito cautelar).

Na verdade, há que efectuar a distinção entre a providência cautelar, como a medida concreta adequada a afastar a situação de perigo real existente para o direito acautelado, e o processo previsto para que se apure da justificação dessa medida, o que a última

---

[29] A qualificação e a natureza do direito de requerer a adopção de providências cautelares, revestem os mesmos problemas que o direito de acção, sendo hoje dominante a ideia que não é possível constranger esse direito a uma dimensão puramente privatísitica ou publicista do processo, revestindo este uma natureza geminada.

Sobre a natureza do direito de acção, onde se inclui o direito de requerer a adopção de providências cautelares, ver ANTUNES VARELA, em *"O direito de acção e a sua natureza jurídica"*, na R.L.J., Ano 125, pág. 325 e seg., CASTRO MENDES, em *"O direito de acção judicial"*, ANSELMO DE CASTRO, em *"Direito processual civil declaratório"*, vol. I, pág. 85 e seg., e LEBRE DE FREITAS, em *"Introdução ao processo civil..."*, pág. 76 e seg..

re-forma do C.P.C. procurou fazer, do ponto de vista terminológico, denominando de "providência cautelar" a medida em si e, de "procedimento cautelar", o processo conducente à tomada dessa medida[30].

O direito cautelar, como direito a que se decrete uma medida de protecção à tutela de um direito substantivo, está dependente da verificação de determinados requisitos (essencialmente, a aparência de um direito e a existência duma situação de risco para a sua tutela), enquanto o direito a promover um procedimento cautelar, isto é, um processo destinado a obter uma providência cautelar, é independente da existência de quaisquer requisitos, já que o reconhecimento do mérito duma pretensão com esta natureza só pode ser efectuado no termo do respectivo procedimento.

O direito cautelar está consagrado na previsão legal de diversos tipos de providências e na cláusula geral do art.º 381.º, do C.P.C..

Tal como o direito ao procedimento cautelar, também o direito a obter uma providência cautelar não se pode confundir com o direito substantivo acautelado, nem sequer ser considerado uma emanação dele, sendo apenas um instrumento processual da sua tutela jurisdicional, podendo até constituir-se sem que o direito substantivo exista, pois basta-se com a sua aparência.

Atenta a sua função meramente instrumental, podemos dizer que o direito cautelar tem natureza processual, e nele também se reflectem as antinomias entre as diferentes perspectivas do processo em geral, enquanto meio de realização de direitos subjectivos, ou como instrumento de actuação do poder público na administração da justiça.

---

[30] Sobre esta distinção, ver ABRANTES GERALDES, em *"Temas da reforma do processo civil..."*, vol. III, pág. 36-39, PAIS DE SOUSA e CARDONA FERREIRA, em *"Processo civil"*, pág. 78-80, RITA BARBOSA DA CRUZ, em *"O arresto"*, em O Direito, Ano 132 (2000), vol. I e II, pág. 109-111, e CÉLIA PEREIRA, em *"Arbitramento de reparação provisória"*, pág. 15-16.

2. Características das providências cautelares

São características comuns das providências cautelares a sua jurisdicionalidade, dependência, provisoriedade e proporcionalidade.

a) Jurisdicionalidade

Com o apontar desta característica, visa-se realçar não só que os tribunais[31] têm o monopólio da sua aplicação, mas também que o fazem no exercício dos seus poderes jurisdicionais, aplicando normas pré-definidas a um conflito de interesses, cujo sentido da solução lhe é indiferente[32].

Apesar da aplicação das medidas cautelares reflectir o interesse público da eficácia na administração da justiça, a respectiva actividade não deixa de consistir numa declaração do direito normativizado, perante uma situação de conflito de interesses, encontrando-se o tribunal numa posição de passividade no impulso e de imparcialidade na decisão, ao contrário do que sucede com os orgãos do Estado, nas suas funções administrativas[33].

---

[31] Atenta a natureza das providências cautelares, em princípio, apenas os tribunais judiciais as podem decretar, estando essa actividade vedada aos tribunais arbitrais. Neste sentido, LEBRE DE FREITAS, MONTALVÃO MACHADO e RUI PINTO, em *"Código de Processo Civil anotado"*, vol. 2.º, pág. 21, e o Acórdão da Relação de Évora de 12-7-1984, na C.J., Ano IX, tomo 4, pág. 286, relatado por MARTINS ALVES.

Admite-se, contudo, que um tribunal arbitral possa emitir, mas nunca executar, uma providência cautelar de natureza antecipatória, caso essa possibilidade tenha sido prevista na convenção de arbitragem. Neste sentido opina LEBRE DE FREITAS, em *"Introdução ao processo civil..."*, pág. 66, nota 20, e o Acórdão da Relação do Porto, de 17-5-2005, no site www.dgsi.pt, relatado por EMÍDIO COSTA.

[32] É pela falta desta característica que o protesto pela reivindicação da coisa objecto de venda judicial não pode ser classificado como uma providência cautelar, apesar do mesmo produzir os efeitos cautelares previstos no art.º 910.º, do C.P.C.. Contudo, isso não impediu o Acórdão da Relação de Coimbra de 14-1-2003, pub. na C.J., Ano XXVII, tomo 1, pág. 7, relatado por SILVA FREITAS, de o considerar uma verdadeira providência cautelar.

[33] Sobre a distinção entre as funções jurisdicionais e administrativas do Estado ver MARCELLO CAETANO, em *"Manual de direito administrativo"*, vol. I,

b) Dependência

Esta característica é uma consequência da função instrumental que desempenham as providências cautelares.

Destinando-se elas a servir a tutela de um direito a determinar num determinado processo, necessariamente encontram-se dependentes desse processo, podendo dizer-se que, nesse aspecto, não gozam de autonomia. O seu nascimento, a sua vida e a sua morte estão dependentes do processo do qual são dependentes, porque é nele que encontram a sua razão de existência, reflectindo-se nelas as vicissitudes da tutela a encontrar no processo-mãe.

Assim, as providências cautelares pressupõem sempre um processo principal onde se procura exercer o direito cuja tutela está em perigo, já instaurado, ou a instaurar, pois o respectivo procedimento pode ser prévio ou concomitante com esse processo (art.º 383.º, n.º 1, do C.P.C.). O processo principal pode encontrar-se suspenso, mas não pode estar findo[34]. A propositura de procedimento cautelar, após o trânsito em julgado da sentença proferida em acção declarativa, só poderá ser feita na dependência da acção executiva dessa decisão.

Esta dependência tem desde logo uma tradução material no facto da tramitação do procedimento cautelar dever ser efectuada por apenso ao processo principal, o que não só significa que os respectivos autos devem estar ligados por linha, como o tribunal competente para este último processo define também o tribunal competente para o procedimento cautelar, logo que aquele seja instaurado (art.º 383.º, n.º 2 e 3, do C.P.C.).

Além deste pormenor, como iremos ver, a propósito da sua provisoriedade, a vida da providência está dependente da vida do processo principal, pelo que o cordão que une os dois processos é umbilical[35].

---

pág. 12-13, e relativamente à jurisdicionalidade das providências cautelares ver FERRUCCIO TOMMASEO, em *"I provvedimenti d´urgenza – strutura e limiti della tutela anticipatoria"*, pág. 84 e seg..

[34] Vide, neste sentido, RITA LYNCE DE FARIA, em *"A função instrumental da tutela cautelar não especificada"*, pág. 83.

[35] F. CARPI, em *"La tutela d´urgenza fra cautela, sentenza antecipata e giudizio di merito"*, na Rivista di Diritto Processuale, 1985, pág. 703.

A dependência pode ser relativamente a uma acção declarativa[36] ou executiva (art.º 383.º, n.º 1, do C.P.C.), a acção a propor ou já proposta em tribunal português ou estrangeiro, nos termos em que Portugal participe em convenções internacionais neste domínio[37] (art.º 383.º, n.º 5, do C.P.C.), e a acção a correr perante um tribunal estadual ou arbitral[38].

E esta relação de dependência também se reflecte na apreciação do mérito do procedimento cautelar, uma vez que a decisão já proferida na acção principal, apesar de não transitada, ou os resultados da prova, terão necessariamente uma influência decisiva no juízo de probabilidade séria da existência do direito, a efectuar no procedimento cautelar[39].

No sentido contrário, o processo principal é independente do procedimento cautelar, em nada influindo a decisão ou o resultado da prova produzida neste, na sentença a proferir por aquele (art.º

---

[36] A dependência pode reportar-se ao pedido formulado pelo autor, ou à reconvenção deduzida pelo réu.

[37] São conhecidas a Convenção de Bruxelas sobre competência judiciária e a Convenção de Lugano, que prevêem essa relação de dependência nos seus art.º 24.º.

[38] TEIXEIRA DE SOUSA, em *"Estudos sobre o novo processo civil"*, pág. 245. Fazendo notar que no caso da providência ser dependente de acção a correr termos em tribunal arbitral, continua a ter o tribunal judicial competência para a decretar, podem ler-se os seguintes Acórdãos:

- da Relação de Évora, de 12-7-1984, na C.J., Ano IX, tomo 4, pág. 286, relatado por MARTINS ALVES.
- da Relação de Coimbra, de 9-4-2002, na C.J., Ano XXVII, tomo 2, pág. 14, relatado por NUNES RIBEIRO.
- da Relação de Lisboa, de 2-12-2003, no site www.dgsi.pt, relatado por SANTOS MARTINS.
- da Relação do Porto, de 17-5-2005, no site www.dgsi.pt, relatado por EMÍDIO COSTA.

[39] *Vide*, neste sentido, TEIXEIRA DE SOUSA, em *"Estudos sobre o novo processo civil"*, pág. 233, ABRANTES GERALDES, em *"Temas da reforma do processo civil..."*, vol. III, pág. 154-156, RITA LYNCE DE FARIA, em *"A função instrumental da tutela cautelar não especificada"*, pág. 83, e o Ac. do S.T.J., de 23-09-1999, no B.M.J., n.º 489, pág. 294, relatado por SOUSA DINIS (com um voto de vencido).

383.º, n.º 4, do C.P.C.)⁴⁰, com excepção dos efeitos da citação, os quais retroagem à data da propositura da acção, na hipótese do réu já ter sido citado no procedimento cautelar (art.º 385.º, n.º 6, do C.P.C.).

A dependência que vimos assinalando pode ser meramente potencial. Isto é, decretada uma providência sem que se encontre ainda instaurada a acção principal, pode acontecer que a propositura desta não venha a suceder. Não nos referimos aos casos de negligência do requerente, os quais são sancionados com a caducidade da providência e a responsabilização daquele pelos prejuízos causados (art.º 389.º, n.º 1, a) e 390.º, do C.P.C.), mas às situações em que o requerente não tem qualquer interesse na propositura dessa acção, ou por ter atingido completamente os seus objectivos com a execução da providência cautelar, ou por entretanto ter visto definitivamente reconhecido o seu direito extrajudicialmente[41]. São exemplos da primeira situação providências que proíbem a realização de um espectáculo irrepetível, a transmissão televisiva, em directo, de um determinado desafio de futebol, ou a participação de um filme num festival de cinema, não sendo necessária qualquer acção posterior para protecção definitiva do respectivo direito. Aqui, a posterior caducidade da providência é perfeitamente inútil, uma vez que o cumprimento desta bastou para realizar o direito que a fundamentava, não sendo a mera caducidade idónea para

---

[40] Nas providências cautelares antecipatórias, apesar da providência e seu procedimento em nada influírem na decisão a tomar no processo principal, a execução desta, em princípio, deve tomar em consideração aquilo que já foi prestado antecipadamente com o cumprimento da providência respectiva.

No processo experimental aprovado pelo D.L. n.º 108/06, a possibilidade de ser proferida decisão definitiva sobre a causa principal no procedimento cautelar, determina que nessas hipóteses o trânsito dessa decisão determinará a impossibilidade de prosseguimento da acção principal (cfr., *infra*, pág. 157).

[41] Sobre estas situações podem ler-se TEIXEIRA DE SOUSA, em *"Estudos sobre o novo processo civil"*, pág. 246-247, LEBRE DE FREITAS, MONTALVÃO MACHADO e RUI PINTO, em *"Código de Processo Civil, anotado"*, vol. 2.º, pág. 17, ABRANTES GERALDES, em *"Temas da reforma do processo civil..."*, vol. III, pág. 148-149, nota 230, e RITA LYNCE DE FARIA, em *"A função instrumental da tutela cautelar não especificada"*, pág. 223-227.

determinar uma responsabilização do requerente pelos prejuízos eventualmente causados pela execução da providência. Nestes casos, restará ao requerido a propositura de uma acção indemnizatória em que demonstre a inexistência do direito que fundamentou a providência pela falsa aparência da sua existência[42].

Na outra situação, em que após se ter decretado a providência cautelar se verificou um reconhecimento definitivo do direito ameaçado, como, por exemplo, pode suceder quando as partes transaccionam no conflito que as opunha, também esse reconhecimento torna inútil a propositura da acção principal.

c) Provisoriedade

Também como consequência da sua função instrumental, as providências cautelares são meramente provisórias[43], tendo uma duração, apesar de incerta, limitada no tempo (*dies certus an, incertus quando*). São providências a termo incerto[44].

Tendo elas como única finalidade obviar ao perigo da demora de um determinado processo, o não nascimento deste ou a sua extinção provocam o seu fim.

A não instauração da acção principal num determinado prazo determina a caducidade da providência previamente decretada, o que também sucederá se aquela acção for julgada improcedente,

---

[42] Vide, também neste sentido, RITA LYNCE DE FARIA, em "*A função instrumental da tutela cautelar não especificada*", pág. 244-245.

[43] Esta característica das providências cautelares tem causado grandes dúvidas na jurisprudência constitucional sobre a recorribilidade para o Tribunal Constitucional das decisões proferidas nos procedimentos cautelares. Sobre esta problemática pode ler-se MÁRIO DE BRITO, em "*Sobre o recurso de constitucionalidade das decisões provisórias*", in "Ab uno ad omnes. 75 anos da Coimbra Editora. 1920-1995", pág. 858-861.

[44] Neste sentido, CALAMANDREI, *em* "*Introduzione allo studio sistematico dei provvedimenti cautelari*", pág. 83-85, ENRICO DINNI e GIOVANNI MAMMONE, em "*I provvedimenti d'urgenza nell diritto processuale civile e nell diritto del lavoro*", pág. 33, ALBERTO DOS REIS, em "*Código de Processo Civil anotado*", vol. I, pág. 627, e RITA LYNCE DE FARIA, em "*A função instrumental da tutela cautelar não especificada*", pág. 126, nota 278.

por decisão transitada em julgado, ou estiver parada durante algum tempo, por culpa do requerente da providência (art.º 389.º, a), b) e c), do C.P.C.). Se o Réu for absolvido da instância na acção principal, a providência caducará se o requerente da providência não propuser nova acção, a tempo de aproveitar os efeitos da anterior (art.º 389.º, n.º 1, c), do C.P.C.).

De igual modo, se a acção principal for julgada procedente a providência também se extingue, uma vez que ela apenas foi adoptada para vigorar enquanto não fosse proferida a decisão definitiva, visando evitar o perigo causado pela demora do processo. Contudo, quando a providência cautelar se destinou a assegurar a conservação dos meios necessários à execução dessa decisão ou antecipou os seus efeitos, a mesma só se extinguirá quando se concretizarem os ditames dessa decisão[45].

As providências ficam exauridas com o trânsito em julgado da decisão definitiva, seja qual for o seu sentido, ou com o cumprimento desta, na hipótese de vencimento da pretensão principal do requerente da providência, necessitada de execução, uma vez que só nesses momentos se esgota a sua finalidade instrumental.

Além da provisoriedade das providências cautelares, determinada pelo seu cariz instrumental, também se suscita a questão da sua instabilidade, resultante da possibilidade da sua modificação, durante a sua vigência, motivada por alterações da realidade supervenientes. Defende-se que, tal como sucede nos processos de jurisdição voluntária[46], a alteração superveniente da situação de facto que fundamentou a decisão em causa deveria permitir a alteração da providência decretada, retirando-lhe a força típica do caso julgado[47]. Não se dirimindo de forma definitiva o conflito que opõe

---

[45] MARIA DOS PRAZERES BELEZA, em *"Procedimentos cautelares"*, na *"POLIS – Enciclopédia Verbo da sociedade e do estado"*, pág. 1503, e LEBRE DE FREITAS, MONTALVÃO MACHADO e RUI PINTO, em *"Código de Processo Civil, anotado"*, vol. 2.º, pág. 53.

[46] Art.º 1411.º, n.º 1, do C.P.C..

[47] LEBRE DE FREITAS, em Parecer publicado na R.O.A., Ano 57, n.º I, pág. 461 e seg., defende que são inadequados às decisões cautelares os efeitos típicos do caso julgado (pág. 471-475).

as partes, mas limitando-se o tribunal a fixar medidas que acautelem a eficácia da futura resolução, não há qualquer razão para conferir a esta decisão a força essencial do caso julgado que consiste na sua imodificabilidade. É esta a solução que algumas legislações estrangeiras adoptam como regra geral para as decisões que decretam providências cautelares[48]. O nosso sistema, porém, apenas admite essa modificabilidade das decisões cautelares relativamente a determinadas providências tipificadas. Enquanto nas regras gerais das providências cautelares e seus procedimentos não se estabelece nenhum regime excepcional sobre os efeitos do caso julgado das decisões cautelares, com excepção da sua caducidade, nos casos contados no art.º 389.º, do C.P.C., prevê-se especificamente apenas para as providências cautelares de alimentos provisórios e arbitramento de reparação provisória a possibilidade da sua modificação ou cessação, por alteração superveniente das circunstâncias fácticas que as fundamentaram (art.º 401.º, n.º 2 e 404.º, n.º 1, do C.P.C.). Mas a força do caso julgado já não impedirá que se decrete nova providência cautelar, em novo procedimento, diversa da inicialmente decretada, perante a ineficácia superveniente desta[49].

A característica da provisoriedade das providências cautelares é, por vezes, incorrectamente utilizada como argumento contrário à admissibilidade de providências antecipatórias. A provisoriedade aqui apontada reporta-se apenas à duração das medidas cautelares e não à dos efeitos resultantes da sua execução, os quais muitas vezes podem ser irreversíveis[50].

---

[48] O C.P.C. Italiano, no art.º 669.º decies, e o C.P.C. Brasileiro, no art.º 807.º.

[49] Assim admitiu o Acórdão da Relação de Évora de 29-1-1987, na C.J., Ano XII, tomo 1, pág. 289, relatado por SAMPAIO DA SILVA.

[50] FERRUCIO TOMMASEO, em *"I provvedimenti d´urgenza – struttura e limiti della tutela antecipatoria"*, pág 150-153, e ISABEL CELESTE FONSECA, em *"Introdução ao estudo sistemático da tutela cautelar no processo administrativo"*, pág. 90-98.

d) Proporcionalidade

A função meramente instrumental das providências cautelares também impõe que as mesmas devam ser as mais adequadas a esconjurar a ameaça para a tutela, cuja eficácia visam garantir, sem que possam provocar ao requerido um sacrifício da sua posição consideravelmente superior ao dano que pretendem evitar (art.º 381.º, n.º 1 e 387.º, n.º 2, do C.P.C.).

É esta característica que justifica a solução legislativa adoptada de libertar o julgador dos limites da medida peticionada, dando-lhe liberdade para escolher entre as medidas possíveis aquela que se revele simultaneamente como a mais eficaz para prevenir os prejuízos resultantes da demora da tutela definitiva, sem que cause ao requerido prejuízos bastante mais avultados do que aqueles que se pretende evitar (art.º 392.º, n.º 3, do C.C.)[51].

São estas duas linhas balizadoras que devem presidir à escolha duma providência cautelar concreta e que a caracterizam como proporcional à situação de risco e aos diferentes interesses em jogo.

3. Classificações das providências cautelares

Tem-se registado uma tendência doutrinal e mesmo legislativa para a classificação das providências cautelares em diversas espécies, segundo diferentes critérios[52].

---

[51] A relevância destes prejuízos poderá ser atenuada pela possibilidade do juiz impor ao requerente a prestação de uma caução como condição suspensiva da sua concessão (art.º 390.º, n.º 2, do C.P.C.).

[52] Já CALAMANDREI, na sua obra *"Introduzione allo studio sistematico dei provvedimenti cautelari"* classificava as providências cautelares, dividindo-as em 4 grupos:
- as destinadas à produção antecipada de provas;
- as destinadas a evitar a dissipação ou o extravio de bens sobre que poderá recair a execução futura;
- as que antecipam a decisão do litígio;
- e as cauções.

A actual sistemática das providências cautelares no C.P.C. fornece-nos dois critérios classificativos.

Por um lado, existem providências cautelares especificadas e não especificadas, também referidas na doutrina por nominadas e inominadas.

As especificadas são aquelas que se encontram tipificadas nos art.º 393.º a 427.º: a restituição provisória de posse (art.º 393.º a 395.º), a suspensão de deliberações sociais (art.º 396.º a 398.º), os alimentos provisórios (art.º 399.º a 402.º), o arbitramento de reparação provisória (art.º 403.º a 405.º), o arresto (art.º 406.º a 411.º), o embargo de obra nova (art.º 412.º a 420.º) e o arrolamento (art.º 421.º a 427.º)[53]. Estas providências tem uma previsão legal expressa e apresentam particularidades na sua tramitação especialmente regulada.

As providências cautelares não especificadas encontram-se previstas sob a abóbada duma cláusula geral (art.º 381.º, do C.P.C.), nelas se integrando todas as medidas que o tribunal entenda adequadas para impedir a consumação do perigo que ameaça a tutela do direito substantivo. Os únicos limites para a configuração dessas medidas é o da sua adequação e proporcionalidade ao risco a prevenir, estando o desenho dos seus contornos aberto à imaginação do tribunal, uma vez que este não está limitado pelo tipo de providência pedida pelo requerente (art.º 392.º, n.º 3, do C.P.C.). O recurso a

---

[53] No art.º 1481.º, do C.P.C., também se mostram previstas outras providências cautelares, submetidas ao regime geral desta figura. Mas, no mesmo diploma, estão previstas ainda outras providências de natureza idêntica, porque dotadas de instrumentalidade e funcionalmente destinadas a evitar um perigo provocado pela demora do processo principal, mas que o legislador entendeu não as submeter ao regime das providências cautelares, como sejam a nomeação de um tutor provisório ao interditando, para a prática de actos urgentes durante a pendência do processo de interdição e a interdição provisória deste último (art.º 142.º, do C.C. e 953.º, do C.P.C.).

Além da tipificação de providências constante do C.P.C., existem ainda previstas outras providências cautelares típicas, em matéria civil, em legislação avulsa, como por exemplo no art.º 15.º, do D.L. 54/75 (apreensão de veículos automóveis), e no art.º 21.º, do D.L. 149/95, com a redacção introduzida pelo D.L. 265/97 (entrega judicial de bens objecto de locação financeira).

providências inominadas só deve ocorrer quando a providência não se encontre especialmente prevista entre as tipificadas, revelando-se aqui a posição subsidiária daquela categoria (art.º 381.º, n.º 3, do C.P.C.)[54]. A tramitação das providências não especificadas é comum a todas elas, encontrando-se regulada nos art.º 382.º e seg., do C.P.C., procedimento este que é subsidiariamente aplicável às providências cautelares especificadas, nos casos em que não tenham normas próprias (art.º 392.º, n.º 1, do C.P.C.).

Por outro lado, ao redigir a cláusula geral de previsão das providências cautelares não especificadas, o legislador estabeleceu uma outra categorização: as providências conservatórias e as antecipatórias[55]. Essa classificação, atento o critério distintivo que lhe subjaz, pode também ser aplicada às providências cautelares especificadas.

As primeiras consistem em medidas de simples conservação dos meios necessários a assegurar a eficácia das medidas de tutela definitiva dos direitos substantivos.

As segundas limitam-se a antecipar no tempo os efeitos da provável decisão a proferir no processo principal, tendo a sua admissibilidade sido objecto de alguma controvérsia[56] até à sua previsão, expressa pelo C.P.C. (art.º 381.º, n.º 1), introduzida pela reforma de 1995/1996. Apesar de uma das providências cautelares tipificadas mais antigas ter nítidas características antecipatórias, relativamente à tutela definitiva da qual é instrumental – a dos alimentos provisórios – e do estudo de Calamandrei[57], em que se

---

[54] Sobre a característica da subsidiariedade destas providências leia-se RITA LYNCE DE FARIA, em *"A função instrumental da tutela cautelar não especificada"*, pág. 45-54.

[55] Sobre a distinção entre estas categorias de providências leia-se RITA LYNCE DE FARIA, em *"A função instrumental da tutela cautelar não especificada"*, pág. 196-201, SÓNIA TEIXEIRA, em *"As medidas cautelares aplicadas ao processo por incumprimento..."*, na R.O.A., Ano 58 (1998), vol. II, pág. 893--894, e CÉLIA PEREIRA, em *"Arbitramento de reparação provisória"*, pág. 21-27.

[56] Vide PALMA CARLOS, em Parecer publicado sob o título *"Procedimentos cautelares antecipadores"*, em "O Direito", Ano 105, pág, 236 e seg..

[57] *"Introduzione allo studio sistematico dei provvedimenti cautelari"*, Padova, Cedam, 1936.

baseou a nossa primeira sistematização autónoma da figura das providências cautelares[58], já se referir à possbilidade destas assumirem tais caracterísiticas, essa antecipação de efeitos não deixou de suscitar alguma hesitação, na doutrina e na jurisprudência. A possibilidade da antecipação dos efeitos da decisão definitiva poder determinar alterações irreversíveis na realidade que é objecto do litígio, apesar de ter provocado fundadas reticências na admissibilidade deste tipo de providências[59], não impediu, contudo, que os tribunais decretassem as mais variadas medidas cautelares inominadas de cariz antecipatório[60].

---

[58] Da responsabilidade de Alberto dos Reis, no C.P.C. de 1939.
A importância da obra de Calamandrei na construção da figura da providência cautelar no C.P.C. resulta com clareza do estudo de ALBERTO DOS REIS, *"A figura do processo cautelar"*, publicado no B.M.J. n.º 3, pág. 27-91.

[59] Sobre as reticências que suscita a admissibilidade das providências antecipatórias podem ler-se FERRUCIO TOMMASEO, em *"I provvedimenti d'urgenza – strutura e limiti della tutella antecipatoria"*, PASQUALE FRISINA, em *"La tutela antecipatoria: profili funzionali e strutturali"*, na Rivista di Diritto Processuale, 1986, pág. 373-383, ABRANTES GERALDES, em *"Temas da reforma do processo civil..."*, vol. III, pág. 111-112, e ISABEL CELESTE FONSECA, em *"Introdução ao estudo sistemático da tutela cautelar no processo administrativo"*, pág. 128-136.

[60] São exemplos, os seguintes Acórdãos que, na sua grande maioria, visaram a protecção de direitos de personalidade:

✍ da Relação de Coimbra, de 22-7-1980, na C.J., Ano V, tomo 4, pág. 21, relatado por DARIO ALMEIDA (intimação dos requeridos para procederem a obras de reparação de uma parede que origina infiltrações de águas em prédio vizinho).

✍ da Relação de Lisboa, de 19-2-1987, na C.J., Ano XII, tomo 1, pág. 141, relatado por CARVALHO PINHEIRO (proibição de ensaios de uma orquestra que perturbavam o direito à tranquilidade dos vizinhos).

✍ do Tribunal Constitucional, de 14-5-1987, no B.M.J. n.º 367, pág. 233, relatado por MAGALHÃES GODINHO, (encerramento das sedes existentes e proibição de abertura de novas sedes de partido político que dá apoio a acções de violência armada e terrorista).

✍ da Relação de Coimbra, de 31-1-1989, na C.J., Ano XIV, tomo 1, pág. 52, relatado por ROGER BENNET (intimação dos requeridos para se absterem de qualquer conduta que impeça a passagem dos requerentes pelo prédio daqueles para construção de um muro que desabou).

✍ da Relação de Lisboa, de 19-5-1994, na C.J., Ano XIX, tomo 3, pág. 94, relatado por FREITAS DE CARVALHO (intimação da requerida a reparar e

Sendo agora indiscutível a possibilidade da tutela cautelar assumir a forma duma antecipação total ou parcial dos efeitos da decisão judicial definitiva, sem que se conheça o conteúdo desta, devem os tribunais manter alguns cuidados na utilização deste tipo de providências, principalmente quando os seus efeitos sejam irreversíveis[61]. Em primeiro lugar, tais medidas só devem ser

---

    colocar em funcionamento um elevador de um prédio que lhe pertence, cuja avaria obriga a requerente a subir diariamente as escadas para um 8.º andar, de que é inquilina, com uma criança de 8 meses ao colo).
- da Relação de Lisboa, de 27-4-1995, na C.J., Ano XX, tomo 2, pág. 130, relatado por Campos Oliveira (encerramento de um laboratório industrial de betão que causa ruídos, poeiras e fumos que perturbam o direito à tranquilidade e à saúde dos vizinhos).
- da Relação do Porto, de 11-12-1995, na C.J., Ano XX, tomo 5, pág. 222, relatado por Azevedo Ramos (proibição de exercício da actividade de abastecimento de combustíveis perto de uma escola frequentada por crianças).
- do S.T.J., de 14-12-1995, no B.M.J. n.º 452, pág. 400, relatado por Metello de Nápoles (intimação da requerida para se abster de praticar a actividade de tiro aos pratos que perturba o direito à tranquilidade dos vizinhos).
- da Relação de Lisboa, de 11-1-1996, na C.J., Ano XXI, tomo 1, pág. 82, relatado por Rodrigues Codeço (intimação da requerida a restabelecer a ligação telefónica no escritório do requerente).

[61] Podem consultar-se os seguintes Acórdãos que, após a entrada em vigor da reforma do C.P.C. de 1995/1996, decretaram providências cautelares inominadas de cariz antecipatório:
- da Relação de Lisboa, de 31-3-1998, na C.J., Ano XXIII, tomo 2, pág. 122, relatado por Pinto Monteiro (proibição das requeridas colocarem à venda um produto farmacêutico do qual a requerente é titular da patente de invenção).
- do S.T.J., de 23-9-1998, no B.M.J. n.º 479, pág. 520, relatado por Garcia Marques (proibição de instalação de aterro sanitário, por perigo de violação do direito ao ambiente).
- da Relação de Coimbra, de 28-3-2000, na C.J., Ano XXV, tomo 2, pág. 29, relatado por Nunes Ribeiro (intimação dos requeridos a retirarem do comércio as suas embarcações de recreio imitadoras das embarcações dos requerentes).
- do S.T.J., de 27-6-2000, na Sub judice, n.º 18, pág. 9, relatado por Pinto Monteiro (intimação do requerido a retirar das paredes do Palácio da

adoptadas quando sejam as únicas capazes de afastar o perigo que ameaça o direito do requerente. Em segundo lugar, não devem ser decretadas quando o valor dos danos que causam ao requerido sejam consideravelmente superiores aos danos que procuram evitar (art.º 387.º, n.º 2, do C.P.C.). E, finalmente, deve o juiz ponderar cuidadosamente a possibilidade de ordenar a prestação de caução pelo requerente, ao abrigo do disposto no art.º 390.º, n.º 2, do C.P.C., de modo a garantir a reparação dos danos irreversíveis, eventualmente resultantes da execução da medida cautelar antecipatória.

Mas a doutrina também tem apontado outros critérios de classificação por espécie das providências cautelares.

Justiça de Nisa os instrumentos que impeçam a nidificação nas referidas paredes das andorinhas).

⍁ da Relação do Porto, de 12-11-2001, na C.J., Ano XXVI, tomo 5, pág. 182, relatado por FERREIRA DE SOUSA (autorização dos requerentes a cortarem os eucaliptos situados na linha divisória das propriedades destes e dos requeridos, cujas dimensões ameacem a casa dos requerentes em caso de queda).

⍁ da Relação do Porto, de 7-1-2003, na C.J., Ano XXVII, tomo 1, pág. 168, relatado por FONSECA RAMOS (obrigação de adopção de medidas para eliminação de focos poluentes).

⍁ da Relação de Guimarães, de 29-11-2003, na C.J., Ano XXVIII, tomo 4, pág. 284, relatado por MANSO RAÍNHO (proibição de funcionamento de máquinas de unidade fabril em horário nocturno, que prejudicam o direito ao repouso dos moradores vizinhos).

⍁ da Relação de Évora, de 22-4-2004, na C.J., Ano XXIX, tomo 2, pág. 251, relatado por MOTA MIRANDA (proibição de actividade teatral, em horário nocturno, que prejudica o direito ao repouso de moradores vizinhos).

No Acórdão da Relação de Lisboa de 19-2-2004, no site www.dgsi.pt, relatado por FÁTIMA GALANTE, indeferiu-se a pretensão de ser decretada providência cautelar inominada de atribuição de veículo de substituição de automóvel danificado ou a sua reparação antecipada, com a justificação que tal providência se confundiria com a decisão definitiva do conflito.

No Acórdão da Relação do Porto de 22-11-2005, no site www.dgsi.pt, relatado por EMÍDIO COSTA, julgou-se improcedente um pedido de arbitramento de reparação provisória, para custear uma operação a lesão resultante de acidente de viação, tendo as partes acordado extrajudicialmente na indemnização pelos restantes danos, por se entender que este procedimento não se revelava instrumental de qualquer acção principal.

Há quem distinga entre processos cautelares inibitórios, restitutórios e antecipatórios[62]. Os primeiros destinar-se-iam a impedir uma mudança na realidade conflituosa, os segundos a promover a eliminação duma mudança já ocorrida e os terceiros a antecipar uma mudança provável.

Outros ainda defendem uma distinção entre as providências de garantia, de regulação e de antecipação. As primeiras visariam garantir a utilidade da composição definitiva, as segundas definir uma situação transitória e as terceiras atribuir o mesmo que se pode vir a obter na composição definitiva do conflito[63].

4. Princípios dos procedimentos cautelares

Conforme já acima referimos[64], uma coisa são as providências cautelares, enquanto medidas de prevenção do perigo que ameaça a tutela de direitos substantivos, provocado pela demora da acção que visa realizar esses direitos, outra são os procedimentos previstos para a aplicação jurisdicional dessas medidas, enquanto tramitação processual reguladora dessa aplicação.

Procedimentos e não processos, porque, a partir da reforma do Código de Processo Civil de 1961[65], passou-se a entender que as

---

[62] LUSO SOARES, em *"Direito processual civil"*, pág. 49.

[63] Neste sentido, TEIXEIRA DE SOUSA, em *"Estudos sobre o novo processo civil"*, pág. 227.

[64] Cfr., *supra*, pág. 22.

[65] Enquanto a redacção original do art.º 4.º, do C.P.C. de 1939, considerava como espécies de acções as de simples apreciação ou declaração, de condenação, conservatórias, constitutivas e executivas, a redacção resultante da reforma de 1961 passou apenas a considerar como espécies de acções as declarativas e executivas, sendo sub-espécies das declarativas as de simples apreciação, as de condenação e as constitutivas. Esta despromoção das acções cautelares também se manifestou na nova redacção do art.º 2.º, do C.P.C., introduzida pela reforma de 1961(*"A todo o direito...corresponde uma acção, destinada a fazê-lo reconhecer em juízo ou a realizá-lo coercivamente, bem como as providências necessárias para acautelar o efeito útil da acção"*), em contraposição com a redacção original do C.P.C. de 1939 (*"A todo o direito corresponde uma acção, destinada a fazê-lo acautelar ou reconhecer em juízo e a torná-lo efectivo..."*).

acções cautelares, devido à sua relação de dependência não tinham uma autonomia suficiente que lhes conferisse a dignidade duma terceira categoria de acções, ao lado dos processos declarativo e executivo, apesar de, no Preâmbulo de um dos diplomas que efectuou a reforma do C.P.C. de 1995/1996, se referir o procedimento cautelar comum como uma *"verdadeira acção cautelar"*[66]. Na verdade, considerando que a classificação das acções utilizada no C.P.C. atendeu à sua diferente função[67], o processo cautelar, pela finalidade própria que visa atingir, merecia um lugar próprio na galeria das acções exposta no art.º 4.º daquele Código[68]. A circunstância de serem dependentes de acções declarativas ou executivas, devido à sua função instrumental, não é argumento que impedisse a sua classificação como uma espécie autónoma de acções, uma vez que essa característica em nada lhes retirava a natureza de acção com uma missão específica. Também existem acções declarativas dependentes de outras da mesma espécie (v.g. as acções apensas, nos termos do art.º 275.º, do C.P.C., e as acções suspensas por prejudicialidade, nos termos do art.º 279.º, do C.P.C.), ou acções executivas dependentes de declarativas (v.g. os processos de execução de sentença), sem que isso afecte a sua classificação como acções.

Existe um procedimento comum, directamente aplicável à determinação das providências cautelares não especificadas, e procedimentos especiais, aplicáveis à determinação das providências cautelares especificadas, tendo o procedimento comum uma aplicação subsidiária a estas últimas.

Também nestes procedimentos regem os princípios do processo civil, como catálogo dos valores fundamentais que enformam o

---

[66] O D.L. n.º 329-A/95, de 12 de Dezembro.

[67] Repare-se que a epígrafe do art.º 4.º, do C.P.C., é a seguinte : *"espécie de acções, consoante o seu fim"*.

[68] Neste sentido, INOCÊNCIO GALVÃO TELLES, em *"Introdução ao estudo do direito"*, pág. 51-53, PALMA CARLOS, em *"Projecto de alteração de algumas disposições dos livros I e III, do Código de Processo Civil"*, no Boletim do Ministério da Justiça, n.º 102, pág. 11 e 15, ANSELMO DE CASTRO, em *"Direito processual civil declaratório"*, vol. I, pág. 131, RODRIGUES BASTOS, em *"Notas ao Código de Processo Civil"*, vol. I, pág. 51, e CÉLIA PEREIRA, em *"Arbitramento de reparação provisória"*, pág. 66-70.

processo em determinado momento histórico, os quais conferem coerência ao sistema processual vigente e permitem a clarificação dos motivos que presidem à opção por determinadas soluções normativas.

Princípios como o da legalidade, do dispositivo, do inquisitório, do contraditório, da preclusão, da cooperação, da economia processual, da estabilidade, da aquisição processual, da publicidade, da imediação, da oralidade, da concentração e da livre apreciação da prova, que presidem aos actuais sistemas do processo civil, estão também presentes no domínio dos procedimentos cautelares, justificando as tramitações adoptadas, auxiliando a interpretação das suas regras e permitindo a integração das suas lacunas.

Interessa aqui realçar apenas algumas excepções mais flagrantes à forma como estes princípios se assumem globalmente no processo civil, impostas pelas finalidades ou natureza das medidas cuja aplicação os procedimentos cautelares visam realizar, assim como apontar princípios específicos destes procedimentos.

Em primeiro lugar, cumpre referir a possibilidade de decretamento das providências cautelares, sem audição prévia do requerido, numa manifesta excepção ao princípio do contraditório, enquanto exercício de um direito de defesa que se encontra constitucionalmente garantido[69].

Segundo esta vertente deste princípio, em sede de providências cautelares, deveria ser garantido ao requerido a possibilidade de contraditar a pretensão do requerente, de produzir prova e contraprova sobre a factualidade em causa e de influenciar a decisão, através de alegações. Contudo, atendendo a razões de celeridade ou de conveniência, o juiz poderá impedir a possibilidade de exercício destes direitos processuais por parte do requerido, tramitando-se a fase do procedimento cautelar que antecede a decisão e, por vezes, a sua execução, à revelia deste[70]. O juiz, no exercício de um poder vinculado, pode dispensar a "audiência do requerido", quando

---

[69] Sobre este princípio, LEBRE DE FREITAS, em *"Introdução ao processo civil..."*, pág. 96 e seg..

[70] Vide SÓNIA TEIXEIRA, em *"As medidas cautelares aplicadas ao processo por incumprimento..."*, na R.O.A., Ano 58 (1998), vol. II, pág. 890.

esta puser em risco o fim ou a eficácia da providência (art.º 385.º, do C.P.C.).

Esse risco objectivo pode resultar do prolongamento no tempo da tramitação do procedimento cautelar que a audição do requerido necessariamente provocaria, ou da suspeita resultante de um juízo de experiência ou de anterior comportamento do requerido, de que este, ao ter conhecimento da pretensão cautelar, antecipando-se à sua execução, agiria de modo a frustar a sua realização eficaz.

Nos procedimentos cautelares especiais de arresto (art.º 408.º, do C.P.C.) e de restituição provisória de posse (art.º 394.º, do C.P.C.)[71] e na hipótese de não ser possível a citação pessoal do requerido (art.º 385.º, n.º 4, do C.P.C.), a lei determina mesmo, de forma imperativa, que o requerido não tem direito a ser ouvido em momento anterior à decisão cautelar e à sua execução, presumindo, *iuris et de iure*, que, nestas situações, a sua audição criaria o risco de se frustrar o fim ou a eficácia da providência. Quando o requerido não é ouvido quer nas situações de dispensa facultativa, quer nas de dispensa obrigatória, este tem direito a uma defesa *a posteriori*, podendo recorrer ou deduzir oposição à providência decretada e executada, sendo dela notificado após a sua execução (art.º 385.º, n.º 6 e 388.º, do C.P.C.).

Em segundo lugar, realça-se a liberdade do julgador na escolha da providência cautelar adequada e proporcional ao risco a prevenir, sem a limitação do pedido formulado, numa importante e inovadora excepção ao princípio do dispositivo na conformação da instância[72].

Determina este princípio que é monopólio das partes a conformação do objecto do processo, devendo o juiz ater-se aos limites deste, não podendo condenar em quantidade superior ou em objecto diverso do que se pediu (relativamente às acções declarativas assim

---

[71] Sobre a questão da obrigatoriedade da não audição do requerido no procedimento cautelar de apreensão de veículo, leia-se ABRANTES GERALDES, em *"Temas da reforma do processo civil..."*, vol. IV, pág. 313-315.

[72] E no processo experimental, aprovado pelo D.L. n.º 108/06, essa liberdade vai mais longe, permitindo que o juiz, em vez de decretar uma simples providência cautelar, decida do fundo da causa de uma forma definitiva, no procedimento cautelar, apesar de não ter sido formulado nenhum pedido nesse sentido (art.º 16.º).

dispõe o art.º 661.º, n.º 1, do C.P.C.), sob pena de nulidade da sentença (art.º 668.º, n.º 1, e), do C.P.C.).

Mas, numa inovação da reforma de 1995/1996, em sede de providências cautelares, libertou-se o juiz destes limites, sendo-lhe conferido o poder de optar pela providência que considere mais adequada a afastar o perigo verificado, independentemente do pedido que foi deduzido (art.º 392.º, n.º 3, do C.P.C.)[73]. O pedido, neste caso, é sobretudo uma sugestão, deixando de ter um papel essencial na conformação do objecto do procedimento cautelar[74].

A provisoriedade das medidas cautelares e o facto de não influírem no conteúdo dos direitos substantivos permitiu ao legislador arriscar esta excepção inovadora ao princípio do dispositivo, conferindo ao juiz um amplo poder de decisão.

Em terceiro lugar, aponta-se a existência de um princípio específico dos procedimentos cautelares – o da máxima celeridade[75]. Estamos perante medidas de urgência que reclamam uma intervenção o mais célere possível do poder judicial, pelo que se procurou

---

[73] Sobre o âmbito desta brecha aberta no princípio do dispositivo, vide ABRANTES GERALDES, em "Temas da reforma do processo civil...", vol. III, pág. 332-336, LEBRE DE FREITAS, MONTALVÃO MACHADO e RUI PINTO, em "Código de Processo Civil anotado", vol. II, pág. 67-68, PAIS DE SOUSA e CARDONA FERREIRA, em "Processo civil", pág. 288, e RITA BARBOSA DA CRUZ, em "O arresto", em "O Direito", Ano 132 (2000), vol, I e II, pág. 122-123.

Numa leitura restritiva desta norma leia-se FERREIRA DA SILVA, em "Providências antecipatórias no processo civil português", em Revista de Derecho Processal, n.º 1, 1998, pág. 363 e seg., GIUSEPPE TARZIA, em "Providências cautelares atípicas", na Revista da Faculdade de Direito da Universidade de Lisboa, vol. XV, pág. 255, e RITA LYNCE DE FARIA, em "A função instrumental da tutela cautelar não especificada", pág. 186-194.

[74] Daí que os vícios que o atinjam não provoquem a ineptidão do requerimento inicial, nem a sua alteração esteja sujeita às condicionantes do art.º 273.º, do C.P.C., como defende TEIXEIRA DE SOUSA, em "Estudos sobre o novo processo civil", pág. 248.

Em data anterior à reforma do C.P.C. de 1995-1996, MARIA DOS PRAZERES BELEZA, em Parecer publicado em Direito e Justiça, vol. XI (1997), tomo 1, pág. 337-350, pronunciou-se no sentido da impossibilidade de alteração do pedido nos procedimentos cautelares.

[75] Vide SÓNIA TEIXEIRA, em "As medidas cautelares aplicadas ao processo por incumprimento...", na R.O.A., Ano 58 (1998), vol. II, pág. 889.

consagrar um procedimento capaz de permitir uma intervenção rápida na defesa do direito substantivo em perigo.

Nesse sentido, estabeleceram-se as seguintes regras:

- Definiu-se este procedimento como urgente, o que implica não só a sua precedência sobre qualquer outro serviço judicial não urgente (art.º 382.º, n.º 1, do C.P.C.), como a sua tramitação no período de férias judicias[76], ou a prática de actos durante os períodos em que os tribunais estão encerrados (art.º 144.º, n.º 1 e 143.º, n.º 1, do C.P.C.), e a possibilidade de utilização da comunicação de actos judiciais por telegrama, comunicação telefónica ou outro meio de análogo de comunicação (art.º 176.º, n.º 5, do C.P.C.).
- Fixaram-se programaticamente[77] prazos para ser proferida a respectiva decisão – dois meses quando há audiência prévia do requerido e 15 dias quando essa audiência não ocorre.

---

[76] O carácter urgente dos procedimentos cautelares verifica-se em todas as suas fases, nomeadamente na de oposição subsequente ao decretamento da providência, ou de recurso. *Vide*, neste sentido, ABRANTES GERALDES, em *"Temas da reforma do processo civil..."*, vol. III, pág. 140-142, LOPES DO REGO, em *"Comentários ao Código de Processo Civil"*, vol. 1.º, pág. 348, CÉLIA PEREIRA, em *"Arbitramento de reparação provisória"*, pág. 46, e os Acórdãos:

- do S.T.J., de 12-1-1999, no B.M.J. n.º 483, pág. 157, relatado por FRANCISCO LOURENÇO.
- do S.T.J., de 28-9-1999, no B.M.J. n.º 489, pág. 277, relatado por FRANCISCO LOURENÇO.
- da Relação de Coimbra, de 5-2-2002, na C.J., Ano XXVII, tomo 1, pág. 30, relatado por CARDOSO DE ALBUQUERQUE.
- da Relação de Lisboa, de 4-8-2004, no site www.dgsi.pt, relatado por ABRANTES GERALDES.
- da Relação do Porto, de 19-1-2006, em www.dgsi.pt, relatado por PINTO DE ALMEIDA.

Em sentido contrário, pronunciaram-se os seguintes Acórdãos:

- da Relação de Coimbra, de 16-1-2001, na C.J., Ano XXVI, tomo 2, pág. 5, relatado por MONTEIRO CASIMIRO.
- da Relação de Évora, de 14-12-2004, na C.J., Ano XXIX, tomo 5, pág. 254, relatado por BORGES SOEIRO.

[77] Sobre a natureza e consequências da inobservância destes prazos, *vide* ABRANTES GERALDES, em *"Temas da reforma do processo civil..."*, vol. III,

- Adoptou-se, como regra uma estrutura processual idêntica à prevista para os incidentes da instância (art.º 302.º a 304.º, do C.P.C.), que, aliás, é subsidiariamente aplicável aos procedimentos cautelares (art.º 384.º, n.º 3, do C.P.C.). Essa estrutura comporta apenas a possibilidade de apresentação de dois articulados, em regra[78], com indicação dos meios de prova[79], marcação da audiência para produção de prova, realização desta[80] e decisão. Estamos perante uma miniatura do processo declarativo, o qual foi reduzido à sua expressão mais simples, implicando necessariamente uma apreciação

---

pág. 136, Lopes do Rego, em *"Comentários ao Código de Processo Civil"*, vol. 1.º, pág. 347-348, e Célia Pereira, em *"Arbitramento de reparação provisória"*, pág. 45.

[78] Se a contestação contiver defesa por excepção deve dar-se oportunidade para o requerente da providência, no início da sessão para produção de prova, se pronunciar oralmente sobre a matéria de excepção (art.º 3.º, n.º 4, do C.P.C.).

[79] É polémica a possibilidade de junção de documentos para além da fase de apresentação de articulados, nomeadamente na audiência de julgamento.

No sentido da inadmissibilidade dessa junção após a fase dos articulados, pronunciaram-se os seguintes Acórdãos:

- da Relação do Porto, de 11-10-1993, na C.J., Ano XVIII, tomo 4, pág. 223, relatado por Antero Ribeiro
- da Relação do Porto, de 25-1-1996, na C.J., Ano XXI, tomo 1, pág. 208, relatado por Oliveira Barros.

No sentido da admissibilidade dessa junção na audiência de julgamento, posição que igualmente perfilhamos, pronunciaram-se os seguintes Acórdãos:

- da Relação de Lisboa, de 20-6-1991, na C.J., Ano XVI, tomo 3, pág. 156, relatado por Santos Barata.
- do S.T.J., de 9-2-1995, no B.M.J. n.º 444, pág. 542, relatado por Mário Cancela.
- da Relação de Lisboa, de 20-2-2001, na C.J., Ano XXVI, tomo 1, pág. 125, relatado por Sampaio Beja.
- da Relação de Évora, de 14-1-2002, na C.J., Ano XXVII, tomo 1, pág. 259, relatado por Rodrigues dos Santos.

No mesmo sentido opinaram Lebre de Freitas, Montalvão Machado e Rui Pinto, em *"Código de Processo Civil anotado"*, vol. 2.º, pág. 15.

[80] É discutível se esta audiência comporta alegações após a produção da prova, defendendo Abrantes Geraldes, em *"Temas da reforma do processo civil..."*, vol. III, pág. 232, essa possibilidade, com argumentação que subscrevemos.

sumária (*summaria cognitio*) da situação. Além desta fase declarativa o procedimento cautelar pode também assumir uma fase executiva da providência decretada, não sendo nestes casos necessário o recurso a uma acção executiva autónoma.
* Possibilitou-se, nuns casos, e impôs-se, noutros, a dispensa de audiência do requerido, como já acima referimos.
* Não é admissível a citação edital (art.º 385.º, n.º 4, do C.P.C.).
* Em princípio não devem ser admitidas alterações subjectivas da instância cautelar[81], nem a realização de meios de prova de produção previsivelmente demorada, que não sejam essenciais para verificar a aparência do direito ou o apuramento da situação de perigo[82]. Já quanto à possibilidade de apresentação de articulados supervenientes, apesar da existência de vozes contrárias[83], somos favoráveis à sua admissão,

---

[81] ABRANTES GERALDES, em *"Temas da reforma do processo civil..."*, vol. III, pág. 133, nota 200, e LEBRE DE FREITAS, MONTALVÃO MACHADO e RUI PINTO, em *"Código de Processo Civil anotado"*, vol. 2.º, pág. 15, que admitem, justificadamente, algumas excepções a esta regra geral.

[82] ABRANTES GERALDES, em *"Temas da reforma do processo civil..."*, vol. III, pág. 224-225, e LOPES DO REGO, em *"Comentários ao Código de Processo Civil"*, 1.º vol., pág. 347.

[83] Opondo-se à possibilidade de serem deduzidos articulados supervenientes nos procedimentos cautelares podem ler-se ABRANTES GERALDES, em *"Temas da reforma do processo civil..."*, vol. III, pág. 132, CÉLIA PEREIRA, em *"Arbitramento de reparação provisória"*, pág. 50, e os seguintes Acórdãos:
- da Relação do Porto, de 11-10-1993, na C.J., Ano XVIII, tomo 4, pág. 223, relatado por ANTERO RIBEIRO.
- da Relação do Porto, de 25-1-1996, na C.J., Ano XXI, tomo 1, pág. 208, relatado por OLIVEIRA BARROS.
- da Relação de Lisboa, de 10-5-2001, na C.J., Ano XXVI, tomo 3, pág. 85, relatado por SILVA SANTOS.

No mesmo sentido do que é defendido no texto opinaram LEBRE DE FREITAS, MONTALVÃO MACHADO e RUI PINTO, em *"Código de Processo Civil anotado"*, vol. 2.º, pág. 15, tendo TEIXEIRA DE SOUSA, em *"Estudos sobre o novo processo civil"*, pág. 230, considerado discutível a impossibilidade de invocação de factos supervenientes.

seguindo-se a tramitação prevista no art.º 507.º, do C.P.C., para a acção declarativa, uma vez que a mesma não provoca uma demora relevante na tramitação processual, sendo indiscutíveis as suas vantagens.
* A audiência para produção de prova só pode ser adiada uma vez, com base na falta de mandatário (art.º 386.º, n.º 2, do C.P.C.), o que não sucederá se aquela for marcada em data acordada com os mandatários intervenientes, aplicando-se as regras do art.º 651.º, do C.P.C.[84].

Em quarto e último lugar, ressalta-se a existência de um outro princípio específico dos procedimentos cautelares – o da aparência, em matéria de prova e de fundamentação jurídica.

Apesar de, nos procedimentos cautelares, se visar uma decisão rápida, não deixa de se exigir que a decisão tomada seja dotada de um certo grau de segurança. E, se não é possível seguir uma tramitação que permita apurar com certeza da existência do direito cuja tutela se pretende assegurar, apenas possível no processo principal, não deve deixar de se exigir uma séria probabilidade da existência daquele. Dado encontrarmo-nos perante um procedimento que apenas pretende alcançar uma decisão cautelar provisória, é suficiente uma prova informatória, um *fumus boni iuris*.

Este juízo de probabilidade séria, também chamado, impropriamente, pelos equívocos que pode gerar[85], de verosimilhança, deve recair não só sobre a existência dos factos constitutivos do direito ameaçado, mas também sobre a verificação dos pressupostos jurídicos da existência do direito[86]. O juízo de probabilidade é aplicá-

---

[84] LEBRE DE FREITAS, MONTALVÃO MACHADO e RUI PINTO, em *"Código de Processo Civil anotado"*, vol. 2.º, pág. 33.

[85] O termo verosimilhança pode ser tomado na acepção de uma valoração que, prescindindo da produção de meios de prova, se basta com uma plausibilidade da alegação efectuada, como faz notar FERRUCIO TOMMASEO, em *"I provvedimenti d'urgenza – struttura e limiti della tutela anticipatoria"*, pág. 164 e seg..

[86] Afastando a "summaria cognitio" do julgamento da questão de direito, vide, RITA LYNCE DE FARIA, em *"A função instrumental da tutela cautelar não especificada"*, pág. 177-184.

vel quer às questões de facto, quer às questões de direito, colocadas ao juiz nos procedimentos cautelares. O juiz não tem que se convencer da veracidade dos factos que integram a causa de pedir, nem de que o direito invocado existe perante a prova desses factos, bastando que a existência dos factos seja provável, tal como a existência do direito.

Já a prova da situação de perigo objectiva, justificativa da providência que apenas é efectuada no procedimento cautelar, não se repetindo na acção principal, não se basta por uma mera probabilidade de existência, devendo ser feita prova que convença suficientemente o tribunal da sua real existência, apesar da *summaria cognitio*[87].

---

[87] ANSELMO DE CASTRO, em *"Direito processual civil declaratório"*, vol. I, pág. 140, L. P. MOITINHO DE ALMEIDA, em *"Providências cautelares não especificdas"*, pág. 22, GIUSEPPE TARZIA, em *"Providências cautelares atípicas"*, na Revista da Faculdade de Direito da Universidade de Lisboa, vol. XV, pág. 245, ABRANTES GERALDES, em *"Temas da reforma do processo civil..."*, vol. III, pág. 104-105, LEBRE DE FREITAS, MONTALVÃO MACHADO e RUI PINTO, em *"Código de Processo Civil anotado"*, vol. 2.º, pág. 35-36, RITA BARBOSA DA CRUZ, em *"O arresto"*, em O Direito, Ano 132 (2000), vol, I e II, pág. 115-116, e ISABEL CELESTE FONSECA, em *"Introdução ao estudo sistemático da tutela cautelar no processo administrativo"*, pág. 100-101.

Bastando-se com o mesmo juízo de probabilidade que se exige para a prova da existência do direito opinam PALMA CARLOS, em *"Projecto de alteração de algumas disposições dos livros I e II, do Código de Processo Civil"*, no B.M.J. n.º 102, pág. 14, e TEIXEIRA DE SOUSA, em *"Estudos sobre o novo processo civil"*, pág. 233.

Para ALBERTO DOS REIS, em *"Código de Processo Civil anotado"*, vol. I, pág. 621, INOCÊNCIO GALVÃO TELLES, em *"Introdução ao estudo do direito"*, vol. II, pág. 52, RITA LYNCE DE FARIA, em *"A função instrumental da tutela cautelar não especificada"*, pág. 184-186, e CÉLIA PEREIRA, em *"Arbitramento de reparação provisória"*, pág. 36 a prova da situação de perigo deve resultar de um juízo de probabilidade mais forte e convincente daquele que se exige para a prova da existência do direito, mas admitem que não seja necessário o juízo de certeza da prova do processo declarativo.

III – A PROVIDÊNCIA CAUTELAR DE ARBITRAMENTO DE REPARAÇÃO PROVISÓRIA

1. As origens do arbitramento de reparação provisória no C.P.C.

O processo de democratização da sociedade portuguesa, iniciado na segunda metade da década de setenta, com o consequente reforço dos direitos cívicos, acompanhado de um crescente desenvolvimento económico, conduziram a um aumento em exponencial da litigiosidade civil[88] que colocou em cheque o C.P.C. de 1961, ou, melhor dizendo, o C.P.C. de 1939, revisto em 1961[89].

Na verdade, a partir do início dos anos 80, no mundo judiciário, começaram a crescer as vozes, reclamando uma reforma urgente do processo civil, não só por este se revelar incapaz de permitir uma resposta eficaz ao referido aumento da litigiosidade, mas tam-

---

[88] Segundo as estatísticas do Ministério da Justiça, compiladas e trabalhadas no estudo *"Os tribunais nas sociedades contemporâneas"*, (pág. 109-110) de BOAVENTURA SOUSA SANTOS, MARIA MANUEL LEITÃO MARQUES, JOÃO PEDROSO e PEDRO LOPES FERREIRA, o número de processos cíveis entrados mantém-se relativamente estável entre 1970 e 1981, verificando-se um aumento significativo entre os anos de 1981 e 1985, um período de estabilização no patamar alcançado entre 1985 e 1990, voltando a aumentar esse número a partir desse ano a um ritmo constante (dos 80.282 processos, entrados no ano de 1970, passou-se para os 312.241, entrados em 1993, e para os 450.598 entrados em 2000).

[89] Sobre esta observação, leia-se ANTUNES VARELA, em *"A reforma do processo civil português"*, na R.L.J., Ano 129.º, pág. 326-328, sobretudo na nota 40, e ANTÓNIO MONTALVÃO MACHADO, em *"O dispositivo e os poderes do tribunal à luz do novo Código de Processo Civil"*, pág. 12, nota 1.

bém pela necessidade de se introduzirem novas soluções que veiculassem as evoluções entretanto registadas na doutrina processual.

Daí que, em 6-7-1981, o então Ministro da Justiça Menéres Pimentel, em discurso proferido no S.T.J.[90], tenha anunciado o início de um processo de reforma faseada do C.P.C. que ainda hoje não conheceu o seu termo, uma vez que a grande revisão geral, finalmente operada com os D.L. 329-A/95 e 180/96, também ela se assumiu como meramente transitória, destinada a vigorar apenas enquanto não se aprovasse o almejado código novo[91].

Foi neste atribulado processo de reforma do C.P.C.[92] que surgiu a ideia da introdução de um novo tipo entre as providências cautelares especificadas – o arbitramento de reparação provisória.

---

[90] Publicado no B.M.J. n.º 308, pág. 5.

[91] Pode ler-se no preâmbulo do primeiro destes diplomas:

"*Optou-se, na elaboração desta revisão do Código de Processo Civil, por proceder a uma reformulação que, embora substancial e profunda de diversos institutos, não culmina na elaboração de um Código totalmente novo.*

Na verdade, para além de tal desiderato se revelar, em boa medida, incompatível com os limites temporais estabelecidos para o encerramento dos trabalhos, não se procurou, através dela, uma reformulação dogmática ou conceptual das bases jurídico-processuais do Código, mas essencialmente dar resposta tanto quanto possível pronta e eficaz, a questões e problemas colocados diariamente aos diferentes sujeitos e intervenientes nos processos, conferindo a este maior celeridade, eficácia e justiça na composição dos litígios.

Considera-se, para além disso, que a opção tomada – ao deixar, em larga medida, intocada a estrutura conceptual e sistemática do Código, em tudo aquilo que não colida, com os princípios ordenadores do processo, a implementar através da presente revisão da lei do processo – facilitará a apreensão das novas soluções pelos operadores judiciários, que as irão encontrar plasmadas em normas e locais sistematicamente conhecidos e permitirá que as soluções mais inovadoras venham a ser testadas pela prática forense, de modo que, no futuro, a elaboração do verdadeiro novo Código de Processo Civil possa assentar e ser ponderada já em função do relevante contributo da experiência e da concreta prática do foro".

[92] Após inicialmente o Ministro Menéres Pimentel ter confiado ao Conselheiro Campos Costa tal tarefa, e que conduziu à publicação do D.L. 224/82, de 8/6, depois alterado, por ratificação, pela Lei n.º 3/83, de 26/2, e do D.L. 128/83, de 12/3, sendo a entrada em vigor de ambos suspensa pelo D.L. 356/83, de 2/9,

Na verdade, no Projecto da 2ª Comissão Revisora do C.P.C., presidida pelo Prof. Antunes Varela, datado de 1993, apesar de concluído em data muito anterior, por proposta da anterior Comissão Restrita, no capítulo respeitante à providência cautelar de alimentos provisórios foi introduzido um novo artigo, com o n.º 337.º, sob a epígrafe "Alimentos por conta da indemnização", com a seguinte redacção:

> "1. Como dependência da acção de indemnização fundada na morte ou lesão corporal do ofendido, podem os lesados, bem como os titulares do direito a que se refere o n.º 3, do art.º 495.º, do Código Civil, requerer que, por conta da indemnização e nos termos deste capítulo, lhes sejam arbitrados os alimentos provisórios de que careçam.
> 2. Na falta de pagamento voluntário a execução da sentença segue a forma da execução especial por alimentos.".

Pretendia-se aproveitar a providência cautelar já tipificada de arbitramento de alimentos provisórios, para permitir a dedução de

---

com o fundamento de carecerem de maior ponderação e de cuidadosa articulação com o Código e da futura reforma da organização judiciária, o novo Ministro da Justiça, Rui Machete, em 2/5/1984, nomeou uma Comissão revisora, presidida pelo Prof. Antunes Varela, mas integrando o Conselheiro Campos Costa, para proceder à *"reformulação do C.P.C., ou elaborar um diploma completamente novo"*. Esta Comissão de imediato elaborou um diploma intercalar, que entrou em vigor, de alterações pontuais urgentes do C.P.C. – o D.L. 242/85, de 9/6 – e um primeiro projecto de um novo C.P.C.. Em 8/11/1988, após discussão pública do 1.º Projecto, foi nomeada uma Comissão restrita para estudar a introdução de alterações àquele primeiro Projecto, também presidida pelo Prof. Antunes Varela, e, em 20/11/89, foi nomeada uma 2ª Comissão Revisora para discutir as alterações propostas por aquela Comissão restrita, ainda presidida pelo Prof. Antunes Varela, a qual apresentou segundo projecto de um C.P.C. novo. O Ministro da Justiça, Laborinho Lúcio, em 27-1-1992, determina a constituição de um grupo de trabalho "informal e restrito" para proceder à revisão do C.P.C., o que sucedeu em 5-11-1992. Este grupo colegial após ter apresentado inicialmente um documento programático intitulado *"Linhas Orientadoras da Nova Legislação Processual Civil"*, elaborou um projecto de revisão do C.P.C. que se consubstanciou nos D.L. 329-A/95 e 180/96. Posteriormente, já diversos diplomas vieram introduzir novas alterações ao C.P.C., estando anunciados para breve futuros "remendos" em matéria de recursos.

um inovador direito a alimentos provisórios, o qual não era instrumental de um direito a alimentos definitivos, nos termos do art.º 2007.º, do C.C., mas sim de um direito a uma indemnização derivada da morte ou da lesão corporal de ofendido por acto agressor, de forma a garantir a sobrevivência provisória do titular desse direito.

A concessão de um direito a alimentos provisórios a pessoa não titular de um direito a alimentos definitivos não era inédita no nosso sistema, existindo já no caso do arrestado privado dos rendimentos mínimos (art.º 408.º, n.º 3, do C.P.C.).

Esta inovação visava, como objectivo fundamentador, minorar as difíceis condições de vida dos sinistrados de acidentes, sobretudo de viação[93], e dos seus familiares dependentes, face à interminável demora dos processos declarativos em que era peticionada a indemnização pelos danos resultantes desses acidentes[94], proporcionando-lhes um rendimento mínimo que lhes garantisse uma sobrevivência económica[95] até à satisfação da reparação definitiva pretendida. Na verdade, a morosidade processual exagerada que se verificava no desfecho deste tipo de acções declarativas[96] causava um atraso de tal modo incompreensível e injusto na reposição possível da situação anterior à ocorrência do acidente, nos termos determinados pelo art.º 562.º, do C.C., que este era um dos sintomas da

---

[93] No estudo *"Os tribunais nas sociedades contemporâneas"*, de BOAVENTURA SOUSA SANTOS, MARIA MANUEL LEITÃO MARQUES, JOÃO PEDROSO e PEDRO LOPES FERREIRA, faz-se notar que as acções de indemnização, decorrentes de acidente de viação, são o tipo dominante das acções de responsabilidade civil extracontratual, as quais tiveram um aumento impressionante nos anos 70 e sobretudo nos anos 80, provocado pelo aumento do parque automóvel e pela institucionalização do seguro obrigatório (pág. 210-211).

[94] No estudo referido na nota anterior, as acções de responsabilidade civil por acidente de viação são indicadas como das mais morosas nos tribunais portugueses (pág. 411).

[95] Os alimentos provisórios destinam-se a garantir o "estritamente necessário para o sustento, habitação e vestuário do requerente e também para as despesas da acção" (art.º 399.º, n.º 2, do C.P.C., que corresponde, no essencial, ao art.º 333.º, n.º 2, do referido Projecto).

[96] Esta demora, para além das causas gerais dos atrasos da função judicial, era provocada por causas específicas, como a realização de exigente actividade instrutória, nomeadamente exames médicos complexos, a frequência do elevado número de sujeitos processuais e a habitual complexidade do *thema decidendum*.

situação de ruptura do sistema judicial mais comummente apontado nos discursos de análise, explorado pelos media e factor de condenação de Portugal no Tribunal Europeu dos Direitos do Homem[97].

A consagração duma providência cautelar típica destinada a acudir com rapidez a estas situações de necessidade não era, aliás, inédita nos sistemas jurídicos que nos são próximos, uma vez que a lei italiana do seguro obrigatório para a responsabilidade decorrente de acidentes estradais de 24 de Dezembro de 1969 (Lei n.º 990), no seu art.º 24[98], já previa a possibilidade do tribunal atribuir uma indemnização provisória a imputar na indemnização definitiva, a quem se encontrasse num estado de necessidade provocado por um acidente estradal, discutindo-se na doutrina a natureza cautelar desta medida[99].

---

[97] Como sucedeu nos seguintes casos:
- Guincho v. Estado Português, decisão de 6-7-1982, Requête 8990/80, pub. na C.J., Ano IX, tomo 3, pág. 17
- Martins Moreira v. Estado Português, decisão de 26-10-1988, Requête 11371/85, pub. na Separata do B.M.J., Documentação de Direito Comparado, n.º 33/34, 1988, pág. 412.
- Silva Pontes v. Estado Português, decisão de 23-3-1994, Requête 14940/89.
- Ferreira de Sousa e Costa Araújo v. Estado Português, decisão de 14-12-1998, Requête 36257/97.
- Nunes Violante v. Estado Português, decisão de 8-6-1999, Requête 33953/96.
- Marques Gomes Galo v. Estado Português, decisão de 23-11-1999, Requête 35592/97, todos disponíveis, em texto integral, no site web http://www.gddc.pt.

[98] *"Nel corso del giudizio di primo grado, gli aventi diritto al risarciamento che, a causa del sinistro, vengano a trovarsi in uno stato di bisogno, possono chiedere che sia loro assegnata una somma da imputarsi nella liquidazione definitiva del danno.*

Il giudice instrutore civile o penale, sentite le parti, qualora da un sommario accertamento risultino gravi elementi di responsabilitá a carico del conducente, con ordinanza immediatamente esecutiva provvede all' assegnazione della somma ai sensi del primo comma, nei limiti dei quattro quinti della presumible entitá del risarciamento che serà liquidato con la sentenza...".

[99] Fazem menção desta discussão ENRICO DINNI e GIOVANNI MAMMONE, em *"I provedimenti d'urgenza nell diritto processuale civile e nell diritto del lavoro"*, pág. 123-124, e DANIELE DE STROBEL, em *"L'assicurazione di responsabilità civile"*, pág. 339-356.

Aliás, em Portugal, o art.º 22.º, do Decreto-Lei n.º 165/75, de 28 de Março, relativo ao seguro obrigatório, que sem nunca ter entrado em vigor, foi posteriormente revogado pelo art.º 30.º, do D.L. 408/79, havia já previsto que "o juiz, em processo civil ou penal, pode...em sentença imediatamente exequível e sem dependência de caução, atribuir ao lesado uma indemnização provisória, sob a forma de renda mensal...e, dentro das quantias mínimas de seguro, nunca para além de 4/5 do seu provável valor". Esta medida já não constou do D.L. 408/79, apontando-se como razão para esta supressão, a protecção das seguradoras face ao eventual pagamento de consideráveis indemnizações não devidas de difícil recuperação[100]. Todavia, nunca se calaram as vozes defendendo a reintrodução de medida similar[101].

O despacho ministerial 19/92, que determinou a constituição de um "grupo de trabalho informal e restrito" para ultimar a revisão do C.P.C., suscitou a reflexão sobre se não seria preferível, relativamente às providências cautelares, assim como relativamente a outras questões, a adopção de uma cláusula geral de admissibilidade, em desfavor da sua previsão através da criação de diversos tipos de providências, com regras próprias para o processamento de cada uma delas[102].

As *"Linhas Orientadoras da Nova Legislação Processual Civil"*, escritas por aquele grupo de trabalho, vieram a adoptar esta sugestão, defendendo a consagração de uma única providência-tipo, assentando no regime das providências cautelares não especi-

---

[100] GARÇÃO SOARES, em *"Seguro obrigatório de responsabilidade civil automóvel anotado"*, pág. 10, e SINDE MONTEIRO, em *"Estudos sobre a responsabilidade civil"*, vol. I, pág. 173.

[101] SINDE MONTEIRO, em *"Estudos sobre a responsabilidade civil"*, vol. I, pág. 173-174.

[102] Lê-se nesse despacho: "Relativamente aos incidentes de instância, providências cautelares e intervenção de terceiros, afigura-se-nos que seria salutar uma profunda reflexão sobre se em vez do casuísmo minucioso duma regulamentação excessiva não deveria pensar-se, antes, em cláusulas gerais – como acontece por exemplo com a intervenção de terceiros no Código de Processo Civil Belga e no Código de Processo tipo para a América Latina – que se adaptassem às especificidades do caso em análise".

ficadas, cujo âmbito teria de ser ampliado, com enumeração, a título exemplificativo, de algumas das providências possíveis e com a permissão excepcional de medidas cautelares que antecipassem a decisão final, *"nos casos de obrigação de alimentos ou de arbitramento provisório de indemnização"*[103]. É neste texto que, pela primeira vez, a providência aqui em estudo é baptizada com uma expressão muito próxima da sua futura designação normativa.

Todavia, a concretização da revisão anunciada por essas linhas orientadoras, não iria assumir a intenção revolucionária acima enunciada, tendo preferido manter o método anterior de consagração de diversas providências específicas e um procedimento residual definido através duma cláusula geral, apesar de ter adoptado uma melhor arrumação destas diferentes formas processuais cautelares.

Como inovação, foi introduzida uma nova providência cautelar específica – o arbitramento de reparação provisória – nos art.º 403.º a 405.º, do C.P.C.[104] – o que foi feito pelo Decreto-Lei n.º 329-A/95, de 12 de Dezembro, e pelo Decreto-Lei n.º 180/96, de 25 de Setembro, mantendo-se ainda a redacção conferida por estes diplomas.

A tipificação desta providência não decorre da necessidade de criar uma especial regulamentação para uma medida já amplamente utilizada no âmbito das providências cautelares não especificadas, mas sim como a criação da possibilidade de adopção de uma nova medida cautelar. Não estamos, pois, perante uma tipificação normativa de uma providência já "tipificada" pelo sua utilização frequente e a necessitar de uma regulamentação específica, mas sim

---

[103] Nas páginas 48 a 51, da ed. do Ministério da Justiça.

[104] Já foi suscitada nos tribunais a constitucionalidade desta providência cautelar, por uma pretensa violação dos princípios da igualdade e da proporcionalidade, tendo a questão merecido inequívoca resposta negativa, como se pode ler no Acórdão do S.T.J. de 14-4-1999, no B.M.J. n.º 486, pág. 239, relatado por SILVA GRAÇA.

Sobre os problemas de constitucionalidade desta providência pode ler-se CÉLIA PEREIRA, em *"Arbitramento de reparação provisória"*, pág. 192-201.

Figuras semelhantes encontram-se especialmente previstas no domínio do processo laboral. Sobre estas medidas, podem ler-se ABRANTES GERALDES, em *"Temas da reforma do processo civil..."*, vol. IV, pág. 353-369, e CÉLIA PEREIRA, em *"Arbitramento de reparação provisória"*, pág. 91-93.

pela consagração de um novo modelo de providência até aí não utilizado nos tribunais portugueses.

A consagração típica desta medida não era, porém, necessária para a sua aplicação, podendo a mesma ser decretada através da interpretação da cláusula geral contida no art.º 381.º, do C.P.C., que permite a adopção de tal medida provisória cautelar, o que aliás também já era possível na anterior redacção dessa cláusula geral que, antes da reforma do C.P.C., constava do seu art.º 399.º[105].

Na verdade, as situações previstas neste nova providência cautelar específica são situações em que se revela adequada a antecipação da prestação indemnizatória, como meio de evitar um perigo de frustração do respectivo direito à indemnização, causado pela demora do processo onde é pedida essa reparação, perante a situação de necessidade urgente em que se encontra o lesado. Ora, a antecipação parcial da providência indemnizatória definitiva, como medida de combate ao perigo resultante da demora da sua satisfação, é uma forma de providência cautelar perfeitamente admissível, ao abrigo da actual cláusula geral prevista no art.º 381.º, do C.P.C., assim como da constante da anterior redacção do art.º 399.º, do C.P.C., pelo que esta inovação não introduziu uma medida cautelar até aí inadmissível, tendo apenas tipificado uma providência até aí não utilizada nos tribunais, mas legalmente admissível.

Tal inovação teve, pois, como principal mérito, a publicitação de uma medida por descobrir entre a infinita gama das providências cautelares admitidas pelo nosso sistema jurídico[106].

---

[105] No mesmo sentido, ABRANTES GERALDES, em *"Temas da reforma do processo civil..."*, IV vol., pág. 136-140, incluindo a nota 235.

Segundo este autor, a tipificação desta providência apenas teria a virtualidade de afastar dúvidas sobre a sua admissibilidade, uma vez que uma advocacia pouco arrojada ainda não soubera descortinar as potencialidades antecipatórias que as anteriores providências cautelares não especificadas poderiam comportar, não requerendo a adopção deste tipo de medidas.

LOPES DO REGO, em *"Comentários ao Código de Processo Civil"*, 1.º vol., pág. 403-404, e CÉLIA PEREIRA, em *"Arbitramento de reparação provisória"*, pág. 75, também manifestam dúvidas sobre a necessidade de criar este tipo de procedimento cautelar nominado.

[106] Esta conclusão significa que, apesar de um arbitramento duma indemnização provisória não poder ser decretado ao abrigo do disposto no art.º 403.º,

2. Requisitos de aplicabilidade

Para efectuar uma primeira delimitação do âmbito de aplicação desta nova providência cautelar especificada, foi adoptada a técnica legislativa, seguida para os alimentos provisórios (art.º 399.º, do C.P.C.), de indicação do objecto das acções das quais deveria ser instrumental.

Assim, apenas se permitiu a utilização desta providência como dependente das "acções de indemnização" fundadas em morte, lesão corporal, ou dano que ponha em causa o sustento ou habitação do lesado (art.º 403.º, n.º 1 e 3, do C.P.C.), isto é, de acções em que se exige o cumprimento da obrigação de reparação de um desses prejuízos.

Atenta a natureza humana dos danos seleccionados, apenas pessoas singulares podem utilizar esta providência cautelar[107].

Apesar da reparação provisória estabelecida pela lei dever ser o pagamento de uma quantia certa, sob forma de renda mensal (art.º 403.º, n.º 1, do C.C.), nada impede que, na acção da qual essa providência é dependente, se peticione uma compensação pecuniária, com pagamento global, ou mesmo uma reconstituição natural da situação hipotética anterior à verificação do dano e não uma indemnização, em forma de renda, nos termos do art.º 567.º, do C.C.. A delimitação do âmbito da providência pelo objecto da acção da qual é dependente faz-se pela causa de pedir (evento gerador duma obrigação de indemnizar e tipo de danos invocados) e não pelo pedido da forma específica de indemnização pretendida.

---

do C.P.C., devido ao respectivo direito não se incluir nos ali mencionados, não significa que essa providência não possa ser decretada, nos termos do art.º 381.º, do C.P.C., desde que se mostrem reunidos os pressupostos exigidos para as providências cautelares inominadas. Podemos surpreender uma providência inominada deste tipo no Acórdão da Relação de Lisboa de 1-10-2002, na C.J., Ano XXVII, tomo 4, pág. 81, relatado por AZADINHO LOUREIRO.

[107] Neste mesmo sentido, *vide*, CÉLIA PEREIRA, em *"Arbitramento de reparação provisória"*, pág. 140, e o Acórdão da Relação do Porto, de 11-12-2003, no site www.dgsi.pt, relatado por PINTO DE ALMEIDA.

Esta obrigação de indemnização não é exclusiva da responsabilidade extracontratual, podendo ter como fontes mais frequentes[108]:

⇨ o não cumprimento e a impossibilidade de cumprimento imputáveis ao devedor (art.º 798.º e 801.º, do C.C.), a mora (art.º 804.º, n.º 1, do C.C.), e o cumprimento defeituoso de qualquer obrigação contratual.
⇨ o facto ilícito culposo extracontratual (art.º 483.º, do C.C.).
⇨ o facto danoso gerador de responsabilidade objectiva, porque incluído na zona de riscos, a cargo de pessoa diferente do lesado (art.º 500.º e seg., do C.C.).
⇨ o facto lícito causador de prejuízos, que o legislador considerou ser justo reparar por quem beneficiou com a prática do acto, ou tomou a iniciativa de o praticar (art.º 339.º, n.º 2, 1322.º, n.º 1, 1347.º, n.º 3, 1348.º, n.º 2, 1349.º, n.º 3, 1552.º, 1554.º, 1559.º, 1560.º, n.º 3, e 1561.º, n.º 1, todos do C.C.).
⇨ a expropriação por utilidade pública ou particular ou a requisição de certos bens (art.º 1310.º, do C.C.).
⇨ a acessão (art.º 1333.º a 1343.º, do C.C.).
⇨ a violação das regras da boa-fé nas negociações que antecedem um contrato (art.º 227.º, do C.C.).
⇨ o abuso de direito (art.º 334.º, do C.C.).

Todas estas situações podem, em abstracto, fundamentar uma acção de indemnização e, consequentemente, uma providência cautelar de arbitramento de reparação provisória, desde que um dos danos a reparar seja a morte, a lesão corporal, ou ponha em causa o sustento ou habitação do lesado. A origem do direito de indemnização não releva na amplitude desta providência cautelar, sendo suficiente que ele exista para reparar um dos danos mencionados.

---

[108] *Vide* uma enumeração das fontes do direito de indemnização, efectuada por ANTUNES VARELA, em *"Das obrigações em geral"*, vol. I, pág. 877-878, não totalmente coincidente com a que consta deste texto.

Os danos eleitos como justificadores da possibilidade de ser arbitrada uma reparação provisória dos mesmos resultam de violações a direitos absolutos especiais basilares da personalidade humana, como são o direito à vida e o direito à integridade física, ou direitos que, independentemente da sua natureza, garantam ao lesado o sustento e a habitação.

O primeiro requisito de utilização da providência de arbitramento de reparação provisória é, pois, o da existência de um direito de indemnização, já judicialmente reclamado ou a reclamar, pela produção de um dos referidos danos.

O segundo requisito para a possibilidade de recurso a esta providência é o de que um desses danos provoque uma situação de necessidade económica do lesado que não permita que se aguarde pelo desfecho da acção indemnizatória, para se proceder à reparação dos prejuízos causados, justificando-se uma intervenção de emergência que elimine aquela situação de necessidade premente. Sendo os direitos violados de protecção a bens considerados indispensáveis a uma sobrevivência física digna do homem e cuja lesão pode colocar imediatamente em risco essa sobrevivência, sobretudo daqueles que viviam no seu limiar, justifica-se a adopção de medidas urgentes, destinadas a acudir ao perigo que advém da demora do processo onde se reclama a devida reparação pelos danos causados (*periculum in mora*). Tipificou-se, como medida mais adequada à eliminação desse risco, o pagamento antecipado da parte dessa indemnização necessária a garantir uma sobrevivência condigna.

Realça-se que esta situação de necessidade deve ter como causa um dos danos acima mencionados, constituindo este nexo causal o terceiro requisito da providência cautelar de arbitramento de reparação provisória.

Aplicando os princípios que regem o direito probatório nas providências cautelares[109], o requerente apenas terá que efectuar uma prova informatória da existência do direito de indemnização, bastando-lhe convencer o julgador que ocorre uma séria probabili-

---

[109] Cfr., *supra*, pág. 44-45.

dade da verificação dos seus factos constitutivos e dos seus pressupostos jurídicos (art.º 403.º, n.º 2, 2ª parte, do C.P.C.). Este juízo de probabilidade é aplicável quer às questões de facto, quer às questões de direito relacionadas com a existência do direito de indemnização. Já a criação ou agravamento da situação de necessidade em consequência do dano sofrido, não se basta por uma mera probabilidade de verificação, devendo ser feita prova que convença o tribunal da sua real existência, apesar da *summaria cognitio* (art.º 403.º, n.º 2, 1ª parte, do C.P.C.)[110].

Analisemos agora detalhadamente cada um dos requisitos acima mencionados, decompondo-os nas diversas situações legalmente previstas e nos seus elementos integrantes.

2.1. *O direito de indemnização por morte*

O direito de indemnização pelo dano da morte tem essencialmente como fonte as situações de responsabilidade civil extracontratual, mas não exclusivamente, uma vez que a responsabilidade por esse dano pode ter uma origem contratual, derivada do incumprimento ou cumprimento defeituoso de obrigações específicas de tratamento, cuidado, segurança ou vigilância da vida da pessoa (v.g. nos contratos de prestação de serviços médicos, de transporte, de prestação de serviços de segurança pessoal), ou do deficiente funcionamento de coisa objecto da prestação do devedor que provoca a morte do credor (v.g. nos contratos de compra e venda e de empreitada)[111]. Nos casos de incumprimento ou cumprimento de-

---

[110] A redacção do n.º 2, do art.º 403.º, do C.P.C. realça a ideia, já por nós defendida como regra geral para as providências cautelares (*supra*, pág. 44-45), de que, ao contrário do que sucede com a prova da obrigação de indemnizar, que se basta com um juízo de probabilidade, a prova da situação de necessidade deve resultar de um seguro convencimento do julgador. Neste sentido, *vide* LEBRE DE FREITAS, MONTALVÃO MACHADO e RUI PINTO, em *"Código de Processo Civil anotado"*, vol. 2.º, pág. 112.

[111] Nestas situações, verifica-se um concurso ideal de responsabilidades, em que a responsabilidade contratual consome a responsabilidade extracontratual, sendo o regime daquela o aplicável, uma vez que, entre lesante e lesado,

feituoso de qualquer outra obrigação contratual que pela gravidade das suas consequências, possa provocar um tal estado psico-fisiológico na contraparte lesada que determine a sua morte (v.g. por síncope cardíaca), faltará necessariamente um nexo de causalidade adequada entre o evento e a morte[112], necessário à responsabiliza-

---

existia uma relação obrigacional na qual ocorreu o facto lesante, justificando-se, pois, a sobreposição da responsabilidade adequada à violação dos contratos. Neste sentido, opina ALMEIDA COSTA, em *"Direito das obrigações"*, pág. 499--506, e em *"O concurso da responsabilidade contratual e extracontratual"*, em *"Ab vno ad omnes – 75 anos da Coimbra Editora"*, pág. 555-565, ÂNGELA CERDEIRA, em *"Da responsabilidade civil dos cônjuges entre si"*, pág. 113-114, e os seguintes Acórdãos:

- do S.T.J., de 19-3-1985, no B.M.J. n.º 345, pág. 405, relatado por JOAQUIM DE FIGUEIREDO.
- do S.T.J., de 10-2-1994, na C.J. (Ac. do S.T.J.), Ano II, tomo 1, pág. 95, relatado por FERNANDO FABIÃO.
- do S.T.J., de 8-5-2003, no site www.dgsi.pt, relatado por ARAÚJO DE BARROS.

É esta também a posição dominante da doutrina e da jurisprudência francesa. Por todos, ver FRANÇOIS CHABAS, em *"Obligations – théorie générale"*, em *"Leçons de Droit Civil"*, de Henri, Léon e Jean Mazeaud e François Chabas, tomo 2, 1.º vol., pág. 402-404, e GENEVIÈVE VINEY, em *"Les Obligations – La responsabilité: conditions"*, em *"Traité de droit civil"*, sob a direcção de JACQUES GHESTIN, vol. IV, pág. 259-274,

Defendendo a liberdade de opção do credor entre os dois regimes, VAZ SERRA, em *"Responsabilidade contratual e extracontratual"*, no B.M.J. n.º 85, pág. 230-239, MOTA PINTO, em *"Cessão da posição contratual"*, pág. 411, PINTO MONTEIRO, em *"Cláusula penal e indemnização"*, pág. 713-714, e em *"Cláusulas limitativas e de exclusão da responsabilidade civil"*, pág. 429-433, CALVÃO DA SILVA, em *"Responsabilidade do produtor"*, pág. 251, e os seguintes Acórdãos:

- do S.T.J, de 6-11-1986, no B.M.J. n.º 361, pág. 506, relatado por LIMA CLUNY.
- do S.T.J., de 22-10-1987, no B.M.J. n.º 370, pág. 529, relatado por LIMA CLUNY.
- do S.T.J., de 22-9-2005, na C.J. (Ac. do S.T.J.), Ano XIII, tomo 3, pág. 40, relatado por LUCAS COELHO.

[112] O incumprimento ou cumprimento defeituoso de uma obrigação contratual é de todo inadequado, em abstracto, a produzir um estado psico-fisiológico que provoque a morte do seu credor, pelo que, se essa fatalidade ocorreu, a mesma deve-se necessariamente a circunstâncias anómalas ou excepcionais.

ção do devedor inadimplente e à consequente constituição duma obrigação de indemnizar.

O dano da morte pode ser entendido num sentido estrito, referindo-se apenas a perda do direito à vida, ou num sentido amplo que abrange todos os danos colaterais derivados do falecimento de alguém, como sejam:

    a) os sofrimentos físicos e psicológicos padecidos pela vítima durante o processo causal da morte (art.º 496.º, n.º 1, do C.C.);

    b) as despesas efectuadas para assistir o lesado, quer tenham sido efectuadas por ele, ou por terceiro (art.º 495.º, n.º 1, do C.C.);

    c) as despesas do funeral, quer tenham sido efectuadas pela herança, ou por terceiro (art.º 495.º, n.º 1, do C.C.);

    d) outras despesas efectuadas em consequência do processo causal da morte, quer pelo lesado, quer pela herança, quer por terceiros (art.º 495.º, n.º 1, do C.C.);

    e) a perda do direito a alimentos a prestar ou em prestação pelo falecido (art.º 495.º, n.º 3, do C.C.);

    f) o desgosto com a morte sofrido pelos familiares próximos da vítima (art.º 496.º, n.º 3, do C.C.)[113];

    g) e as perdas patrimoniais resultantes quer da situação de incapacidade da vítima durante o tempo em que decorreu o processo causal da morte, quer das despesas efectuadas com tratamentos e assistência (art.º 483.º, do C.C.).

Se foi efectuada uma primeira delimitação legal do âmbito de aplicação desta providência, pela identificação da causa de pedir da acção principal, nas hipóteses em que o dano invocado é o dano da morte, a lei estabelece uma segunda delimitação, pela indicação dos sujeitos com legitimidade para requerer esta providência, aliada à exigência de um nexo de causalidade entre o dano e a situação de necessidade[114].

---

[113] MENEZES LEITÃO, em *"Direito das obrigações"*, vol. I, pág. 336-339, fala também na indemnizabilidade dos danos não patrimoniais sofridos pelos familiares próximos da vítima, antes da morte desta.

[114] Sobre este nexo de causalidade, ver *infra*, pág. 88-89.

Na verdade, o art.º 403.º, nos n.º 1 e 2, do C.P.C., confere apenas o direito de requerer o arbitramento da reparação provisória *"aos lesados, bem como aos titulares do direito a que se refere o n.º 3, do art.º 495.º, do C.C., desde que se verifique uma situação de necessidade em consequência dos danos sofridos"*.

Exigindo-se, pois, um nexo de causalidade entre o dano da morte e uma situação de necessidade dos lesados, este procedimento nunca poderá ter aplicação nas situações em que o direito à indemnização por morte visa reparar a perda do direito à vida, os sofrimentos físicos e psicológicos sofridos pela vítima durante o processo causal da morte, ou as perdas patrimoniais resultantes da situação de incapacidade da vítima durante o tempo em que decorreu o processo causal da morte, uma vez que o lesado directo por estes danos faleceu, tendo os titulares adquirido os respectivos direitos de indemnização, por transmissão *mortis causa*, ou por direito próprio, atribuído aos familiares mais próximos, por determinação legal[115]. Como estes danos por morte apenas afectaram a

---

[115] Tem sido muito discutida a origem destes direitos de indemnização: VAZ SERRA, em anotação aos Acórdãos do S.T.J. de 12-2-1969, na R.L.J., Ano 103, pág. 174, de 17-3-1971, na R.L.J., Ano 105, pág. 63, de 16-3-1973, na R.L.J., Ano 107, pág. 143, e de 13-11-1974, na R.L.J., Ano 109, pág. 44, INOCÊNCIO GALVÃO TELLES, em *"Direito das sucessões – noções fundamentais"*, pág. 93-98, JOÃO LOPES CARDOSO, em *"Partilhas judiciais"*, vol I, pág. 443-444, LEITE DE CAMPOS, em *"A indemnização do dano de morte"*, no B.F.D.U.C., n.º L, pág. 247-297, e em *"A vida, a morte e a sua indemnização"*, no B.M.J. n.º 365, pág. 5-20, CARVALHO FERNANDES, em *"Lições de direito das sucessões"*, pág. 71-74, RODRIGUES BASTOS, em *"Notas ao Código Civil"*, vol. II, pág. 295-296, MENEZES CORDEIRO, em *"Direito das obrigações"*, 2.º vol., pág. 289-295, MENEZES LEITÃO, em *"Direito das obrigações"*, vol. I, pág. 336-339, defenderam que estes direitos são adquiridos por transmissão *mortis causa*. OLIVEIRA ASCENÇÃO, em *"Direito civil – sucessões"*, pág. 243-247, diverge ao considerar não indemnizável o dano da perda da vida.

PEREIRA COELHO, em *"Direito das sucessões"*, pág. 163-180, CAPELO DE SOUSA, em *"Lições de direito das sucessões"*, I vol., pág. 316-325, RIBEIRO DE FARIA, em *"Direito das obrigações"*, vol. I, pág. 493-494, e PEDRO FERREIRA DIAS, em *"O dano moral"*, pág. 53-54, defendem que só os direitos de indemnização por danos patrimoniais são adquiridos por transmissão *mortis causa*, sendo todos os direitos de indemnização por danos não-patrimoniais, incluindo

situação do *de cujus*, os titulares dos respectivos direitos de indemnização (herdeiros ou familiares próximos) não sofreram qualquer prejuízo na sua pessoa, ou no seu património, que os pudesse ter colocado numa situação de necessidade económica, não podendo nunca os mesmos fundamentarem um pedido de arbitramento de reparação provisória.

Quanto aos desgostos com a morte sofridos pelos familiares próximos da vítima, apesar de se tratar de dano sofrido pelos próprios titulares do direito à respectiva indemnização, a sua natureza exclusivamente não-patrimonial é incapaz de colocar os seus lesados numa situação de necessidade económica[116]. É certo que esse desgosto poderá provocar perdas de rendimento resultantes duma consequente quebra da capacidade de trabalho, mas esses já serão danos reflexos, não contemplados pelo direito de indemnização, excepcionalmente concedido a terceiros pelo art.º 496.º, n.º 3, do C.C..

Assim, o dano da morte num sentido amplo, como causa de uma situação de necessidade dos titulares dos possíveis direitos de indemnização pelos prejuízos provocados, apenas pode ocorrer, em tese, nos danos colaterais das despesas efectuadas por terceiros para salvar o lesado, (art.º 495.º, n.º 1, do C.C.), das despesas do funeral (art.º 495.º, n.º 1, do C.C.), e da perda do direito a alimentos a prestar ou em prestação pelo falecido (art.º 495.º, n.º 3, do C.C.). Só nestas situações se verificam diminuições do património

---

o dano da morte, adquiridos pelos familiares próximos da vítima indicados no art.º 496.º, do C.C., *iure proprio*.

ANTUNES VARELA, em *"Das obrigações em geral"*, I vol., pág. 608-614, e DELFIM MAYA DE LUCENA, em *"Danos não patrimoniais"*, pág. 57-72, sustentam que os direitos de indemnização por danos patrimoniais e não patrimoniais ocorridos antes da morte do lesado se transmitem por via sucessória aos herdeiros do lesado, enquanto o dano da morte é adquirido *iure proprio* pelos familiares enunciados no art.º 496.º, do C.C..

[116] No sentido da não contemplação da indemnização por danos não-patrimoniais pelo art.º 403.º, do C.P.C,. pronunciaram-se ABRANTES GERALDES, em *"Temas da reforma do processo civil..."*, vol. IV, pág. 147, e o Acórdão da Relação de Lisboa de 5-7-2001, na C.J., Ano XXVI, tomo 4, pág. 76, relatado por ANA PAULA BOULAROT.

daqueles titulares, ou perda de rendimentos, susceptíveis de originar uma situação de necessidade que importe acudir com urgência.

Todavia, tendo a lei processual restringido a legitimidade para requerer esta providência *"aos lesados, bem como aos titulares do direito a que se refere o n.º 3, do art.º 495.º, do C.C."*, é fácil entender-se que os *"lesados"* aí mencionados são apenas os directamente prejudicados pelos danos seleccionados como pressuposto desta providência, tendo-se estendido, excepcionalmente, essa faculdade aos terceiros que perderam o direito a alimentos a prestar ou em prestação pelo falecido, que são os referidos no mencionado n.º 3, do art.º 495.º, do C.C.[117].

A lei processual, ao não fazer referência expressa aos titulares do direito mencionados nos n.º 1 e 2, do referido art.º 495.º (os que efectuaram despesas com o funeral ou com actos de tentativa de salvamento, tratamento ou assistência do lesado), indicando apenas os do n.º 3, do mesmo artigo, não pretendeu deliberadamente não conferir àqueles o direito a uma reparação provisória, visando somente contemplar as situações em que, abstractamente, se verificava uma forte probabilidade de, por causa da morte, alguém ter ficado em situação de carência – a dos que recebiam, ou tinham direito a receber alimentos do *de cujus*.

Daí que a nossa conclusão seja a de que os casos de direito de indemnização fundada em morte que permitem a utilização da providência cautelar de arbitramento de reparação provisória, se limitam aos previstos n.º 3, do art.º 495.º, do C.C., isto é, o daqueles que se viram privados de alimentos, a prestar ou já em prestação, pelo falecido[118].

---

[117] A consagração excepcional desta indemnização a terceiros já existia em termos limitados nos art.º 2384.º e 2385.º, do Código de Seabra, resultando a sua adopção, em termos gerais, para todos os titulares do direito a alimentos no Código Civil de 1966, do Anteprojecto de VAZ SERRA (art.º 761.º, no B.M.J. n.º 101, pág. 139), o qual se baseou no disposto nos art.º 844, do B.G.B. e 45, do Código das Obrigações Suíço, conforme resulta dos trabalhos preparatórios publicados no B.M.J. n.º 86, pág. 122 e seguintes.

[118] *Vide* também com esta conclusão LEBRE DE FREITAS, MONTALVÃO MACHADO e RUI PINTO, em *"Código de Processo Civil anotado"*, vol. 2.º, pág. 110, e LOPES DO REGO, em *"Comentários ao Código de Processo Civil"*, 1.º vol., pág. 403-404.

Estamos perante a indemnização excepcional de um dano "por ricochete", utilizando a expressão da doutrina francesa[119].

Apenas têm direito a essa indemnização e, consequentemente, podem requerer um arbitramento de reparação provisória, caso se verifique uma situação de *periculum in mora*, os que tinham o direito legal a alimentos[120] do *de cujus*, quer se encontrasse já em execução, quer se encontrasse por executar, e aqueles que já recebiam alimentos deste, no cumprimento de obrigação natural (art.º 495.º, n.º 3, do C.C.).

Verifica-se esta última situação nos casos de cumprimento de dever de ordem moral ou social, imposto pelos ditames da justiça (art.º 402.º, do C.C.), o que afasta os casos de pagamento de alimentos por mera caridade, altruísmo ou gratidão. De fora, ficam também os titulares de direito a alimentos com suporte meramente negocial, previstos no art.º 2014.º, do C.C..

Polémica tem sido a posição do unido de facto com o *de cujus*. Sendo certo que não existe nenhum direito legal a alimentos entre os unidos de facto[121], resta saber se na hipótese do unido falecido sustentar o sobrevivo em vida daquele, sem que existisse um acordo tácito ou expresso de regulamentação da situação de comunhão de vida (hipótese em que existiria um direito a alimentos de cunho negocial), se pode falar no cumprimento duma obrigação natural, enquadrável na previsão do art.º 495.º, n.º 3, do C.C.[122]. Correspon-

---

[119] Vide François Chabas, em *"Obligations – théorie générale"*, pág. 699, e Carbonnier, em *"Les obligations"*, pág. 353.

[120] Os direitos legais a alimentos inserem-se essencialmente no âmbito familiar (art.º 2009.º, do C.C.).

[121] Vide, neste sentido, França Pitão, em *"União de facto e economia comum"*, pág. 187.

[122] Defendendo que estamos perante uma obrigação natural, podem ler-se Pires de Lima e Antunes Varela, em *"Código Civil anotado"*, vol. I, pág. 354, e o Acórdão do S.T.J. de 14-10-1997, na C.J. (Ac. do S.T.J.), Ano V, tomo 3, pág. 61, relatado por Joaquim de Matos.

Já Vaz Serra, no seu estudo *"O dever de indemnizar e o interesse de terceiros"*, no B.M.J. n.º 86, pág. 124, colocava a hipótese dos alimentos prestados a uma "noiva" serem equivalentes a uma prestação de alimentos imposta por lei.

Sustentando que não estamos perante o cumprimento duma obrigação natural, podem ler-se Américo Marcelino, em *"Acidentes de viação e responsabilidade civil"*, pág. 243-249, e o Acórdão da Relação de Lisboa de 17-3-1992, na C.J., Ano XVII, tomo 2, pág. 167, relatado por Arménio Hall.

dendo a obrigação natural a um dever que, à face das concepções dominantes, justificava a sua normativização, não fora uma razão particular impeditiva da possibilidade da sua exigência coactiva[123], deve a prestação de alimentos entre os unidos de facto ser considerada uma obrigação natural. Na verdade, estamos perante uma prestação socialmente aceite, por razões de justiça, atenta a comunhão de vida e as relações de afecto existentes nessas situações, tendo-se entendido não coercibilizar essa obrigação, de modo a não criar vínculos numa relação entre pessoas que optaram por uma vivência subtraída aos deveres impostos pelo casamento. Assumindo, pois, a prestação de alimentos entre os unidos de facto, nos casos em a mesma não resulta de um acordo negocial, a qualificação de uma obrigação natural, tem o alimentado direito a uma indemnização do responsável pela morte daquele que prestava os alimentos, nos termos do art.º 495.º, n.º 3, do C.C..

A doutrina alemã e suíça opinou que não exisitia este direito de indemnização por dano mediato, no caso de transmissão do direito alimentos para a herança, desde que esta tenha possibilidades de a cumprir[124]. No nosso sistema, porém, a herança só está legalmente obrigada a prestar alimentos ao cônjuge sobrevivo (art.º 2018.º, do C.C.) e ao unido de facto (art.º 2020.º, do C.C.). No primeiro caso, sendo o beneficiário herdeiro legitimário (art.º 2157.º, do C.C.), é também contribuinte, com as forças da herança, dessa prestação, pelo que não se justifica que perca o direito de indemnização por alimentos, do causador da morte do seu cônjuge, em favor dos alimentos pagos com rendimentos de que também é titular. No segundo caso, a obrigação de alimentos prevista no art.º 2020.º, do C.C., não resulta de qualquer eventual transmissão da obrigação natural que poderia existir em vida dos unidos de facto, uma vez que essa obrigação da herança existe independentemente da anterior constituição da obrigação natural de alimentos, pelo que também não se justifica a aplicação daquela tese excluidora do direito de indemnização, nos termos do art.º 495.º, n.º 3, do C.C.

---

[123] *Vide* esta definição de obrigação natural por INOCÊNCIO GALVÃO TELLES, em *"Direito das obrigações"*, pág. 53.

[124] ENNECCERUS-LEHMANN, em *"Derecho de obligaciones"*, vol. II, 2ª parte, pág. 1153, e VON TUHR, em *"Tratado de las obligaciones"*, vol. I, pág. 279.

Também se mantém o direito de indemnização quando existam outros obrigados legais subsidiários, segundo a ordem do art.º 2009.º, do C.C., mesmo que estes tenham capacidade económica para prosseguir a prestação de alimentos, uma vez que a obrigação de indemnização, prevista no art.º 495.º, n.º 3, do C.C., deve impedir o recurso a essa transmissão subjectiva subsidiária[125].

Da morte do obrigado a alimentos podem ter resultado para o alimentado, no caso deste também ser herdeiro daquele, a obtenção de rendimentos antecipados que ponham termo à situação de necessidade, que justificava o direito a alimentos, caso em que não existirá o direito à indemnização prevista no art.º 495.º, n.º 3, do C.C.[126].

Já terão direito a esta indemnização não só os que reuniam os requisitos necessários à constituição do direito a alimentos do *de cujus*, à data da sua morte, independentemente do seu exercício ou reconhecimento judicial, mas também aqueles, que após essa morte, vieram a encontrar-se numa situação de necessidade, não podendo já recorrer ao falecido, o qual, se fosse vivo, estaria obrigado a prestar-lhes alimentos[127], o que pode suceder, por exemplo, com os

---

[125] ENNECCERUS-LEHMANN, em *"Derecho de obligaciones"*, Vol II, 2ª parte, pág. 1153, VON TUHR, em *"Tratado de las Obligaciones"*, vol. I, pág. 279, e DIETER MEDICUS, em *"Tratado de las relaciones obligacionales"*, vol. I, pág. 303.

VAZ SERRA, contrariamente à opinião da doutrina alemã, no seu anteprojecto, concedia um direito de indemnização aos novos obrigados a alimentos (n.º 6, do art.º 761.º, do articulado constante do B.M.J., n.º 101, pág. 139), o que não foi adoptado nem pelos anteprojectos e projecto ministeriais posteriores, nem pela versão final do Código Civil vigente. Essa solução pressupunha que o dever de indemnização pelo responsável pela morte não se constituía perante o alimentado, se existissem outros obrigados a alimentos, a título subsidiário, com capacidade para satisfazer essa prestação.

[126] ENNECCERUS-LEHMANN, em *"Derecho de obligaciones"*, Vol II, 2ª parte, pág. 1153, VON TUHR, em *"Tratado de las obligaciones"*, vol. I, pág. 279, VAZ SERRA, em *"O dever de indemnizar e o interesse de terceiros"*, no B.M.J. n.º 86, pág. 122-124. Em sentido contrário, opina DIETER MEDICUS, em *"Tratado de las relaciones obligacionales"*, vol. I, pág. 304.

Todos estes autores afastam, no entanto, a possibilidade do recebimento de um seguro de vida pelo alimentado, na sequência da morte do obrigado a alimentos impedir a constituição do direito de indemnização previsto no art.º 495.º, n.º 3, do C.C..

[127] VAZ SERRA, em anotação aos Acórdãos do S.T.J. de 12-2-1970, na R.L.J., Ano 105, pág. 44-48, e de 16-4-1974, na R.L.J., Ano 108, pág. 183-186,

nascituros. O direito a esta indemnização pode até constituir-se com fundamento numa mera previsibilidade da situação de necessidade, reparando-se assim um dano futuro, nos termos do art.º 564.º, n.º 2, do C.C.[128].

Este direito de indemnização pode concretizar-se numa soma de capital ou sob a forma de renda, devendo compensar os valores que o lesado presumivelmente receberia numa previsão da duração, quer da sua situação de necessidade, quer do tempo de vida do obrigado a alimentos, caso não tivesse ocorrido a morte antecipada deste último.

2.2. O direito de indemnização por lesões corporais

Outro dos danos, cujo direito ao ressarcimento pode fundamentar um pedido de arbitramento de reparação provisório, são os prejuízos resultantes duma lesão corporal.

Este direito de indemnização, tal como sucede com a indemnização pelo dano da morte, pode ter como fonte não só situações geradoras de responsabilidade civil extracontratual, mas também casos de responsabilidade contratual e pré-contratual[129]. Aos casos

---

ANTUNES VARELA, em *"Das obrigações em geral"*, I vol., pág. 623-624, e o Acórdão do S.T.J. de 29-2-1996, na C.J. (Ac. do S.T.J.), Ano IV, tomo 1, pág. 104, relatado por COSTA MARQUES.

[128] VAZ SERRA, em anotação aos Acórdãos do S.T.J. de 12-2-1970, na R.L.J., Ano 105, pág. 44-48, e de 16-4-1974, na R.L.J., Ano 108, pág. 183-186, e ANTUNES VARELA, em *"Das obrigações em geral"*, I vol., pág. 624.

[129] Encaram a responsabilidade pré-contratual como uma modalidade da responsabilidade contratual VAZ SERRA, em *"Culpa do devedor ou do agente"*, no B.M.J. n.º 68, pág. 130-133, e na anotação ao Acórdão do S.T.J. de 7-10-1976, na R.L.J., Ano 110, pág. 277-278, MOTA PINTO, em *"Cessão da posição contratual"*, pág. 351-353, MENEZES CORDEIRO, em *"Da boa-fé no direito civil"*, vol. I, pág. 585, ANA PRATA, em *"Notas sobre a responsabilidade pré-contratual"*, pág. 98--214, e RIBEIRO DE FARIA, em *"Direito das obrigações"*, vol. I, pág. 130.

Defende estarmos perante uma responsabilidade extracontratual ALMEIDA COSTA, em *"Responsabilidade civil pela ruptura das negociações preparatórias de um contrato"*, pág. 86-98.

Autonomizam uma terceira via da responsabilidade civil onde se situaria a responsabilidade pré-contratual BAPTISTA MACHADO, em *"A cláusula do razoável"*, em *"Obra dispersa"*, vol. I, pág. 574-621, CARNEIRO DA FRADA, em *"Uma terceira*

de incumprimento ou cumprimento defeituoso de obrigações específicas de tratamento, cuidado, segurança ou vigilância da vida da pessoa, donde resultem lesões corporais para o credor (v.g. nos contratos de prestação de serviços médicos, de transporte, de prestação de serviços de segurança pessoal), e do deficiente funcionamento de coisa objecto da prestação do devedor que provoca ferimentos no credor (v.g. nos contratos de compra e venda e de empreitada), devem juntar-se os casos em que o incumprimento ou cumprimento defeituoso de qualquer obrigação contratual provocou, num nexo de causalidade adequada[130], perturbações psíquicas (v.g. angústia, depressão) no credor, merecedoras duma indemnização, nos termos do art.º 496.º, n.º 1, do C.C.[131].

Esta última situação pode também ocorrer no domínio da violação das regras da boa-fé a que deve obedecer a negociação dos contratos, gerando também uma obrigação de indemnizar, por responsabilidade pré-contratual (art.º 227.º, n.º 1, do C.C.)[132].

As lesões corporais resultam de qualquer ofensa efectuada no corpo humano, sendo este encarado como um dos bens juridicamente tutelados que integra a personalidade humana.

Utilizando as palavras de Capelo de Sousa[133], o corpo como realidade biológica, reconhecida e protegida pelo direito, é formado pelos *"múltiplos elementos anatómicos que integram a constituição físico-somática e o equipamento psíquico do homem bem como as*

---

via no direito da responsabilidade civil ?...", pág. 95-97, e em *"Teoria da confiança e responsabilidade civil"*, pág. 480-527, e MENEZES LEITÃO, em *"Direito das obrigações"*, vol. I, pág. 348-350.

[130] Este nexo estará ausente no caso de se verificarem situações patológicas muito graves.

[131] Defendendo a indemnização dos danos não-patrimoniais no domínio da responsabilidade contratual, VAZ SERRA, em *"Reparação do dano não patrimonial"*, no B.M.J. n.º 83, pág. 102 e seg., e em anotação ao Acórdão do S.T.J. de 4-6-1974, na R.L.J., Ano 108, pág. 222, INOCÊNCIO GALVÃO TELES, em *"Direito das obrigações"*, pág. 385-387, ALMEIDA COSTA, em *"Direito das obrigações"*, pág. 552-553, PINTO MONTEIRO, em *"Cláusula penal e indemnização"*, pág. 31, nota 77, e PEDRO FERREIRA DIAS, em *"O dano moral..."*, pág. 33-37.

[132] Defendendo esta possibilidade, ALMEIDA COSTA, em *"Responsabilidade civil pela ruptura das negociações preparatórias de um contrato"*, pág. 82-83.

[133] Em *"O direito geral de personalidade"*, pág. 213-214.

relações fisiológicas decorrentes da pertença de cada um desses elementos a estruturas e funções intermédias e ao conjunto do corpo, nomeadamente quando se traduzem num estado de saúde físico-psíquica". O corpo é olhado nos seus aspectos físico e psíquico, numa perspectiva estática e dinâmica e tendo em consideração o seu processo evolutivo natural de crescimento e envelhecimento.

O direito de indemnização por lesões corporais reporta-se ao ressarcimento dos prejuízos resultantes de qualquer acto que envolva um ferimento (v.g. escoriação, equimose) ou uma diminuição da substância corporal (v.g. amputação de orgãos ou membros), uma exclusão ou redução de qualquer função física (v.g. paraplegia, cegueira), um distúrbio psíquico (v.g. angústia, depressão), uma perturbação das funções reguladoras do corpo humano (v.g. perturbação do sono) ou a criação ou agravamento de qualquer doença (v.g. contágio de doença)[134].

As lesões corporais, além delas consubstanciarem por si próprias um dano, em sentido estrito, limitado à própria ofensa do corpo ou da saúde, independentemente das suas consequências patrimoniais ou morais[135], podem provocar uma multiplicidade de prejuízos merecedores duma tutela ressarcitória, como sejam:

    a) as despesas com o socorro, os tratamentos e a assistência à vitima da lesão sofrida e suas consequências, efectuadas pelo próprio lesado ou por terceiros (art.º 495.º, n.º 2, do C.C.)[136]

    b) as despesas com os meios necessários a suprir a perda de auto-suficiência;

    c) a perda de rendimentos, resultante duma situação de incapacidade física ou intelectual, temporária ou permanente;

---

[134] A indemnização pelos prejuízos resultantes da violação de outros direitos de personalidade que não o direito à vida ou à integridade física, como o direito à honra, ou o direito à reserva da vida privada, já não se integram no direito de indemnização referido no art.º 403.º, do C.P.C..

[135] Sobre o dano corporal, como realidade digna duma indemnização autónoma, veja-se por todos JOÃO ÁLVARO DIAS, em *"Dano corporal. Quadro epistemológico e aspectos ressarcitórios".*

[136] É neste direito de indemnização atribuído excepcionalmente a terceiros que aqueles que prestam assistência às vítimas de lesões corporais, durante o período de doença, devem basear a sua pretensão de serem indemnizados dos prejuízos patrimoniais que, para eles, resultaram dessa actividade.

d) a diminuição da capacidade de ganho, em consequência da situação de incapacidade referida na alínea anterior;
e) as dores físicas e os sofrimentos psicológicos inerentes a uma lesão do corpo e seu tratamento, incluindo as situações de doença, as quais justificam a atribuição de um direito de indemnização, desde que assumam uma dimensão relevante, tendo em consideração a sua intensidade e duração (art.º 496.º, n.º 1, do C.C.);
f) o prejuízo meramente estético resultante da lesão corporal, desde que seja relevante (art.º 496.º, n.º 1, do C.C.).
g) as restrições ao gozo da vivência humana (v.g. práticas desportivas ou artísticas, de recreio, convívio) inerentes às limitações provocadas pela lesão sofrida, desde que assumam uma especial gravidade (art.º 496.º, n.º 1, do C.C.);
h) a perda de expectativas de duração da vida;
i) os danos morais dos parentes próximos daquele que sofreu graves lesões da sua integridade física[137].

---

[137] Vaz Serra, em anotação ao Acórdão do S.T.J. de 13-1-1970, na R.L.J., Ano 104, pág. 16, Ribeiro Faria, em *"Direito das obrigações"*, vol. I, pág. 491, nota 2, e Abrantes Geraldes, em *"Temas da responsabilidade civil..."*, vol. II, pág. 9-90, em *"Temas da reforma do processo civil..."*, vol. IV, pág. 145-146, nota 252, e em *"Ressarcibilidade dos danos não patrimoniais de terceiros em caso de lesão corporal"*, em "Estudos em Homenagem ao Prof. Dr. Inocêncio Galvão Telles", vol. IV, pág. 263 e seg., com os quais concordamos, defendem que os parentes próximos são também titulares de um direito de indemnização por danos morais resultantes da perturbação emocional que sofreram com a lesão corporal de que foi vítima o seu ente querido, por interpretação extensiva do disposto no art.º 496.º, n.º 2, do C.C., ou por ofensa do seu direito à saúde.
Nesse sentido decidiram também os seguintes Acórdãos:
≤ da Relação do Porto, de 26-6-2003, na C.J., Ano XXVII, tomo 3, pág. 201, relatado por Xavier Silvano.
≤ da Relação de Coimbra, de 25-5-2004, no site www.dgsi.pt, relatado por Jorge Arcanjo.
≤ da Relação de Lisboa, de 26-6-2003, no site www.dgsi.pt, relatado por Urbano Dias.
≤ do S.T.J., de 26-2-2004, na C.J. (Ac. do S.T.J.), Ano XXIX, tomo 1, pág. 74, relatado por Araújo de Barros.
≤ da Relação do Porto, de 23-3-2006, no site www.dgsi.pt, relatado por Baptista Oliveira.
O Acórdão do S.T.J. de 25-11-1998, no B.M.J. n.º 481, pág. 470, relatado

j) a perda do direito a alimentos a prestar ou em prestação pelo lesado (art.º 495.º, n.º 3, do C.C.).

Como já vimos, o art.º 403.º, n.º 1, do C.P.C., só atribui legitimidade activa para deduzir o procedimento cautelar de arbitramento de reparação provisória ao lesado ou aos titulares do direito de indemnização a que se refere o n.º 3, do art.º 495.º, do C.C., o que desde logo exclui os terceiros que efectuaram despesas para socorrer, tratar ou assistir a vítima de lesão corporal, cujo direito de indemnização se encontra atribuído pelo n.º 2, do art.º 495.º, do C.C.[138], ou aos

---

por HERCULANO LIMA, defendeu de forma inovadora que, nesses casos o direito de indemnização resultava da violação de um direito próprio desses terceiros : *"enquanto titulares do poder paternal, os pais têm o direito de ver o filho menor crescer e desenvolver-se em saúde, por força do n.º 1, do art.º 68.º, da C.R.P.. A directa violação de tal direito absoluto, pela grave omissão dos funcionários da Ré, de que resultaram danos pessoais para o menor, implica indemnização, por danos não patrimoniais a favor dos progenitores."*.
Negaram a existência deste direito de indemnização os seguintes Acórdãos:
⊠ do S.T.J., de 13-1-1970, no B.M.J. n.º 193, pág. 349, relatado por JOAQUIM DE MELO.
⊠ da Relação do Porto, de 4-4-1991, na C.J., Ano XVI, tomo 2, pág. 254, relatado por SAMPAIO DA NÓVOA.
⊠ do S.T.J., de 28-4-1993, na C.J. (Ac. do S.T.J.), Ano I, tomo 2, pág. 207, relatado por SÁ NOGUEIRA.
⊠ da Relação de Coimbra, de 26-10-1993, na C.J., Ano XVIII, tomo 4, pág. 69, relatado por EDUARDO ANTUNES.
⊠ da Relação de Coimbra, de 20-9-1994, na C.J., Ano XIX, tomo 4, pág. 34, relatado por SILVA FREITAS.
⊠ do S.T.J., de 2-11-1995, na C.J. (Ac. do S.T.J.), Ano III, tomo 3, pág. 220, relatado por SÁ NOGUEIRA.
⊠ da Relação do Porto, de 25-6-1997, na C.J., Ano XXII, tomo 3, pág. 239, relatado por MOURA PEREIRA.
⊠ da Relação de Lisboa, de 6-5-1999, na C.J., Ano XXIV, tomo 3, pág. 88, relatado por URBANO DIAS.
⊠ do S.T.J., de 21-3-2000, na C.J. (Ac. do S.T.J.), Ano VIII, tomo 1, pág. 138, relatado por RIBEIRO COELHO.
⊠ do S.T.J., de 26-2-2004, no site www.dgsi.pt, relatado por DUARTE SOARES.
⊠ da Relação do Porto, de 20-10-2004, no site www.dgsi.pt, relatado por ANDRÉ DA SILVA.
[138] Neste sentido, LEBRE DE FREITAS, MONTALVÃO MACHADO e RUI PINTO, em *"Código de Processo Civil anotado"*, vol. 2.º, pág. 111.

familiares próximos da vítima gravemente ferida, por danos não patrimoniais, caso se defenda a extensão a estes do disposto no art.º 496.º, n.º 2, do C.C..

E a exigência de um nexo de causalidade entre os danos sofridos e a criação duma situação de necessidade económica do requerente da providência cautelar (art.º 403.º, n.º 2, do C.P.C.) determinará a exclusão dos titulares de indemnização por danos de cariz não-patrimonial, como os acima enumerados sob as alíneas e), f), g), h) e i). Estes prejuízos, pela sua natureza, não são susceptíveis de provocar uma diminuição do património daqueles titulares, ou perda de rendimentos, susceptíveis de originar uma situação de necessidade a que importe acudir, com urgência.

Assim, apenas pode fundamentar uma pretensão de arbitramento de indemnização provisória, um direito de indemnização por lesão corporal que tenha originado prejuízos de natureza patrimonial, como sejam os acima referidos sob as alíneas a) (no que respeita às despesas efectuadas pelo lesado), b), c), d) e j), ou seja:

- as despesas com o socorro, os tratamentos e a assistência à vitima da lesão sofrida e suas consequências feitas pelo próprio lesado;
- as despesas com os meios necessários a suprir a perda de auto-suficiência;
- a perda de rendimentos, resultante duma situação de incapacidade física ou intelectual, temporária ou permanente;
- a diminuição da capacidade de ganho, em consequência da situação de incapacidade referida na alínea anterior;
- a perda do direito a alimentos a prestar ou em prestação pelo lesado.

Relativamente ao direito de indemnização de que são titulares aqueles que se viram privados de alimentos, a prestar ou já em prestação, pelo lesado, em consequência da lesão sofrida por este, valem as considerações que escrevemos relativamente à hipótese em que essa privação resultava da morte do prestador de alimentos[139].

---

[139] Cfr., *supra*, pág. 63-67.

2.3. O direito de indemnização por dano que ponha seriamente em causa o sustento ou habitação do lesado

O n.º 4 do art.º 403.º, do C.P.C., relativamente ao n.º 1, do mesmo artigo, veio aditar novas causas de pedir da acção da qual a providência de arbitramento de reparação provisória pode ser dependente. Permite-se que também se utilize esta providência cautelar como dependência de acção em que se exerça um direito de indemnização por danos que ponham seriamente em causa o sustento ou a habitação do lesado.

Apesar da ampliação do âmbito desta providência cautelar constar de um parágrafo próprio do art.º 403.º, do C.P.C. (o n.º 4), ela não assume qualquer especialidade relativamente às situações constantes do n.º 1 do mesmo artigo[140], conforme aliás resulta da própria redacção daquele número – *"o disposto nos números anteriores é também aplicável aos casos em que a pretensão indemnizatória se funde em dano susceptível de pôr seriamente em causa o sustento ou habitação do lesado"*. Esta compartimentação especial resulta apenas das dificuldades duma redacção conjunta e do facto do texto desse n.º 1 se ter inspirado no art.º 337.º do Projecto da 2ª Comissão Revisora do C.P.C., datado de 1993, que não previa o direito de indemnização por danos que pusessem em causa o sustento ou habitação do lesado, tendo essa ampliação sido uma inovação da revisão do C.P.C,. operada pelos D.L. 329-A/95 e 180//96. O grupo de trabalho que projectou essa revisão preferiu efectuar essa ampliação, mantendo no n.º 1 um texto aproximado do que constava do Projecto de 1993 e aditando-lhe um novo número

---

[140] Esta ideia está também expressa no Acórdão da Relação de Lisboa de 5-2-1998, na C.J., Ano XXIII, tomo 1, pág. 109, relatado por Campos Oliveira, embora para fundamentar opinião de que se discorda. Defende este aresto que o direito de indemnização referido no n.º 4, do art.º 403.º, do C.P.C., pode apenas ter origem extracontratual, porque assim também sucede com os direitos de indemnização referidos no n.º 1. Como vimos acima, estes direitos de indemnização podem também resultar duma responsabilidade pelo incumprimento ou cumprimento defeituoso de um contrato, o que também pode ocorrer com o direito de indemnização por danos que ponham seriamente em causa o sustento ou a habitação do lesado.

(o n.º 4), com a nova causa de pedir da acção principal que permite a dedução de providência cautelar de reparação provisória, na sua dependência[141]. Esta opção resultou num manifesto acrescento a algo que só existia em projecto, causadora de sobreposições de previsão[142] e de escusadas dificuldades de interpretação.

O direito de indemnização referido no n.º 4, do art.º 403.º, do C.P.C., tal como sucede com as indemnizações pelos danos da morte e da lesão corporal, pode ter como fonte não só situações geradoras de responsabilidade civil extracontratual, mas também casos de responsabilidade contratual, quando do incumprimento ou cumprimento defeituoso das obrigações contratuais resultem prejuízos que ponham seriamente em causa o sustento ou a habitação do lesado[143]. Não fazendo a lei qualquer restrição à origem do direito de indemnização, não há razão para o limitar aos casos de responsabilidade extracontratual, uma vez que esse direito pode constituir-se a partir duma violação positiva ou negativa duma obrigação nascida de um contrato. O que releva e pode ocorrer em ambas as situações é a existência de alguém que aparenta ser titular de um direito à reparação duma situação lesiva que a privou do sustento ou da sua

---

[141] Denunciando essa opção, leia-se LOPES DO REGO, em *"Comentários ao Código de Processo Civil"*, 1.º vol., pág. 369-370, que integrava o referido grupo de trabalho, e o próprio texto do Preâmbulo do D.L. n.º 329-A/95 *("... merece especial referência a instituição da inovadora providência de arbitramento de reparação provisória, ampliada em termos de abranger não apenas os casos em que se trata de reparar provisoriamente o dano decorrente de morte ou lesão corporal, como também aqueles em que a pretensão indemnizatória se funde em dano susceptível de pôr seriamente em causa o sustento ou habitação do lesado")*.

[142] Cfr., *infra*, pág. 78-79.

[143] ABRANTES GERALDES, em *"Temas da reforma do processo civil..."*, vol IV, pág. 150-155 LOPES DO REGO, em *"Comentários ao Código de Processo Civil"*, 1.º vol., pág. 369-370, LEBRE DE FREITAS, MONTALVÃO MACHADO e RUI PINTO, em *"Código de Processo Civil anotado"*, vol. 2.º, pág. 112, CÉLIA PEREIRA, em *"Arbitramento de reparação provisória"*, pág. 113-124, e o Acórdão da Relação de Lisboa de 3-12-2004, no site www.dgsi.pt, relatado por DURO CARDOSO.

Em sentido contrário, o já referido Acórdão da Relação de Lisboa de 5-2-1998, na C.J., Ano XXIII, tomo 1, pág. 109, relatado por CAMPOS OLIVEIRA.

habitação. Se essa lesão resultou da violação de um direito absoluto ou duma norma legal, ou antes de um simples direito de crédito, é indiferente para a atribuição do direito de requerer uma providência cautelar de arbitramento de reparação provisória. Igual raciocínio se deve aplicar aos casos de responsabilidade pré-contratual em que um dos danos a indemnizar tenha atingido de forma significativa o sustento ou a habitação do lesado.

E, ao contrário dos direito de indemnização por morte e por lesão corporal, o direito de indemnização por dano que ponha seriamente em causa o sustento ou a habitação do lesado também se pode constituir nos casos de expropriação por utilidade pública ou privada (art.º 1310.º, do C.C.)[144] e de acessão (art.º 1333.º a 1343.º, do C.C.). Contudo, pelas diferentes razões que vamos expor, a hipótese de utilização desta providência cautelar como dependência do exercício judicial desses direitos de indemnização, é sobretudo académica, revelando-se de difícil concretização situações que a justifiquem.

No direito de indemnização por expropriação de bens privados, por razões de ordem pública, é perfeitamente possível que se repare um prejuízo provocado pela privação do direito de propriedade sobre determinados bens que tenha posto em causa o sustento ou a habitação do lesado[145]. Já os danos de morte ou de lesão corporal, mesmo que tenham origem num acto de expropriação ou requisição[146], não geram uma obrigação de indemnizar, uma vez

---

[144] ABRANTES GERALDES, em *"Temas da reforma do processo civil..."*, vol IV, pág. 158-159, e LEBRE DE FREITAS, MONTALVÃO MACHADO e RUI PINTO, em *"Código de Processo Civil anotado"*, vol. 2.º, pág. 112.

[145] V.g. quando se expropriou um prédio urbano onde um titular de um direito real sobre ele, ou um arrendatário, tinha instalado um estabelecimento comercial que lhe proporcionava os rendimentos necessários à sua sobrevivência, ou a sua habitação, ou um prédio rústico em que um dos titulares de um dos direitos acima referidos o agricultava para sua subsistência..

[146] V.g., quando o expropriado veio a sofrer perturbação psíquica provocado pela notícia que o seu prédio iria ser expropriado, sendo certo que, no caso de ocorrer a sua morte ou de grave lesão corporal, estaria sempre ausente o nexo de causalidade adequada, uma vez que esse dano cairia fora das consequências normais típicas do facto.

que estes são actos lícitos[147] e a obrigação de indemnizar especialmente prevista no art.º 1310.º, do C.C., destina-se apenas a compensar o proprietário da privação do seu direito de propriedade.

Todavia o processo de efectivação deste tipo de expropriação contém mecanismos que retiram espaço de intervenção ao procedimento cautelar de arbitramento de reparação provisória. A posse do bem expropriado, em regra[148], só é atribuída à entidade expropriante, após esta ter depositado um valor previsível da indemnização a pagar a final (art.º 20.º, n.º 1, b), do Código das Expropriações de 1999)[149] ou fixado por arbitragem judicial (art.º 51.º, do Código das Expropriações de 1999)[150], o qual pode ser levantado pelos lesados pelo acto expropriativo num prazo curto (art.º 52.º, do Código das Expropriações de 1999)[151]. Além disso, o arrendatário habitacional tem direito a realojamento equivalente (art.º 9.º, n.º 2, do Código das Expropriações de 1999).

Também nos actos de expropriação particular, apesar de gerarem um direito a uma indemnização (art.º 1310.º, do C.C.), a diminuta relevância da privação de bens em que pode importar[152], dificilmente permite que se imagine uma situação em que desses actos possa resultar um dano que ponha seriamente em causa o sustento

---

[147] A obrigação de indemnização por acto lícito, porque excepcional, só existe quando a lei a preveja especialmente.

[148] São excepções os casos de expropriação urgentíssima (art.º 16.º, do Código das Expropriações de 1999) e nas situações tipificadas no art.º 20.º, n.º 5, do Código das Expropriações de 1999.

[149] No caso de posse administrativa em expropriação com carácter de urgência (art.º 15.º do Código das Expropriações de 1999).

[150] No caso de atribuição judicial da posse em processo de expropriação litigiosa (art.º 38 e seguintes, do Código das Expropriações de 1999).

[151] O montante depositado sobre o qual haja acordo é logo entregue aos interessados, enquanto a parte sobre a qual haja discordância é apenas entregue a estes, caso o requeiram, mediante a prestação de garantia bancária ou seguro caução de igual valor (art.º 52.º, n.º 2, 3 e 4, do Código das Expropriações de 1999).

[152] A lei admite a expropriação particular em casos como os de aquisição de comunhão em muro de prédio confinante (art.º 1370.º do C.C.), constituição de servidão de passagem (art.º 1550.º, do C.C.), aproveitamento de águas para gastos domésticos e agrícolas (art.º 1557.º e 1558.º, do C.C.), e servidões legais de presa, aqueduto e escoamento (art.º 1559.º, 1561.º e 1563.º, todos do C.C.).

ou a habitação do lesado, embora abstractamente nada impeça a constituição de um direito de indemnização com essa configuração.

O mesmo se passa relativamente ao direito de indemnização como consequência da privação de um bem, em resultado da sua aquisição por outrém, por acessão[153]. Esta aquisição não opera automaticamente, sendo antes atribuído ao beneficiário um direito potestativo a adquirir[154]. E quando essa aquisição importa o

---

[153] Apesar desta perspectiva não ser correntemente apontada, a aquisição de um direito de propriedade por acessão não deixa de ser equiparável a uma expropriação particular.

[154] OLIVEIRA ASCENSÃO, em *"As relações jurídicas reais"*, pág. 138-141, e em *"Direito civil. Reais"*, pág. 401-404, MENEZES CORDEIRO, em *"Direitos reais"*, pág. 503-504, CARVALHO FERNANDES, em *"Lições de direitos reais"*, pág. 332-333, e os seguintes Acórdãos:

- da Relação do Porto, de 14-2-1980, na C.J., Ano V, tomo 1, pág. 40, relatado por JOSÉ CALEJO.
- da Relação de Évora, de 22-5-1980, na C.J., Ano V, tomo 3, pág. 23, relatado por FOLQUE DE GOUVEIA.
- da Relação de Évora, de 4-11-1982, na C.J., Ano VII, tomo 5, pág. 262, relatado por FOLQUE DE GOUVEIA.
- da Relação de Coimbra, de 2-7-1991, na C.J., Ano XVI, tomo 4, pág. 91, relatado por VIRGÍLIO DE OLIVEIRA.
- do S.T.J., de 4-4-1995, no B.M.J. n.º 446, pág. 245, relatado por MARTINS DA COSTA.
- da Relação de Lisboa, de 8-5-1997, na C.J., Ano XXI, tomo 3, pág. 77, relatado por PESSOA DOS SANTOS.
- da Relação de Coimbra, de 17-2-1998, na C.J., Ano XXIII, tomo 1, pág. 39, relatado por ARAÚJO FERREIRA.
- da Relação do Porto, de 9-3-2000, na C.J., Ano XXV, tomo 2, pág. 190, relatado por JOÃO BERNARDO.
- da Relação de Lisboa, de 24-1-2002, na C.J., Ano XXVII, tomo 1, pág. 87, relatado por SALVADOR DA COSTA.
- do S.T.J., de 22-6-2005, no site www.dgsi.pt, relatado por OLIVEIRA BARROS.
- da Relação de Guimarães, de 15-3-2006, no site www.dgsi.pt, relatado por MANSO RAÍNHO.
- do S.T.J., de 6-7-2006, no site www.dgsi.pt, relatado por RIBEIRO DE ALMEIDA.

Em sentido contrário, relativamente ao disposto nos art.º 1339.º e 1340.º, do C.C., PIRES DE LIMA e ANTUNES VARELA, em *"Código Civil anotado"*, vol. III,

pagamento duma indemnização, a satisfação desta condiciona aquela[155]. A aquisição do direito de propriedade pelo beneficiário só ocorre se este pagar a indemnização, pelo que a perda dos direitos sobre um deter-minado bem, resultante da sua aquisição por outrém, por acessão, nunca pode provocar uma situação de mora, na definição e no paga-mento efectivo da respectiva indemnização, que justifique a utilização do processo cautelar de arbitramento de reparação provisória.

O dano que ponha em causa o sustento do lesado é todo aquele que o impede de obter os rendimentos necessários à manutenção de um trem de vida digno, de acordo com os valores da actualidade.

Esta definição ampla abrange não só os danos mencionados no n.º 1, do art.º 403.º, do C.P.C., manifestando-se aqui uma sobreposição parcial de previsões normativas, mas, além das situações em que o dano recai sobre a pessoa do lesado, também contempla as hipóteses em que o dano incide sobre os meios que propiciam a este a obtenção daqueles rendimentos (v.g. o estabelecimento comercial que o lesado explora, o prédio que dá de arrendamento,

---

pág. 165-166, e o Acórdão do S.T.J. de 25-3-1996, na C.J. (Ac. do S.T.J.), Ano IV, tomo 1, pág. 153, relatado por MACHADO SOARES.

QUIRINO SOARES, em *"Acessão e benfeitorias"*, na C.J. (Ac. do S.T.J.), Ano IV, tomo 1, pág. 17, 20-22 e 30, coloca-se numa posição híbrida, defendendo que, nalguns casos, a aquisição é automática e noutros, resultante de exercício de direito potestativo.

[155] OLIVEIRA ASCENSÃO, em *"Direito civil. Reais"*, pág. 402, MENEZES CORDEIRO, em *"Direitos reais"*, pág. 503-504, CARVALHO FERNANDES, em *"Lições de direitos reais"*, 293, e QUIRINO SOARES, em *"Acessão e benfeitorias"*, na C.J. (Ac. do S.T.J.), Ano IV, tomo 1, pág. 26-27 e 30, excepcionando este último a situação prevista no art.º 1340.º, n.º 3, do C.C..

No mesmo sentido podem ler-se os seguintes Acórdãos:
- da Relação de Coimbra, de 2-7-1991, na C.J., Ano XVI, tomo 4, pág. 91, relatado por VIRGÍLIO DE OLIVEIRA.
- do S.T.J., de 4-4-1995, no B.M.J. n.º 446, pág. 245, relatado por MARTINS DA COSTA.
- do S.T.J., de 22-6-2005, no site www.dgsi.pt, relatado por OLIVEIRA BARROS.
- da Relação de Guimarães, de 15-3-2006, no site www.dgsi.pt, relatado por MANSO RAÍNHO.

o terreno que agriculta, o automóvel que utiliza na sua actividade profissional)[156].

Este dano pode traduzir-se numa destruição, ou inutilização desses meios, ou na interdição do acesso do lesado aos mesmos.

O dano gerador de um direito de indemnização, até à sua reparação efectiva, deve privar o lesado de continuar a obter a quantidade de rendimentos necessários a assegurar um modo de vida digno não só para si próprio, como também para os seus dependentes. Desse trem de vida fazem parte os elementos necessários à sustentação fisiológica do corpo, incluindo os tratamentos médicos e a higiene, o vestuário, a habitação[157], os transportes, a instrução, a formação profissional, o convívio com os outros, a informação, a cultura e a diversão[158].

---

[156] Dando exemplos de casos em que se verificam danos que põem em causa o sustento ou a habitação do lesado, leia-se ABRANTES GERALDES, em *"Temas da reforma do processo civil..."*, vol. IV, pág. 156-159, e CÉLIA PEREIRA, em *"Arbitramento de reparação provisória"*, pág. 110-113.

[157] O dano em análise não impede directamente o gozo da habitação, mas priva o lesado da obtenção dos rendimentos que lhe permitiam pagar a retribuição pela utilização da casa tomada de arrendamento onde vive, ou a prestação do empréstimo bancário que contraiu para aquisição da casa onde reside.

[158] Sobre a noção de sustento do art.º 2002.º, leiam-se CUNHA GONÇALVES, em *"Tratado de direito civil"*, vol. II, pág. 430-432, VAZ SERRA, em *"Obrigação de alimentos"*, no B.M.J. n.º 108, pág. 110-112, e em anotação ao Acórdão do S.T.J. de 21-6-1968, na R.L.J., Ano 102, pág. 262, PIRES DE LIMA e ANTUNES VARELA, em *"Código Civil anotado"*, vol. V, pág. 577-578, REMÉDIO MARQUES, em *"Algumas notas sobre alimentos..."*, pág. 37-38, nota 40, e pág. 146-148, MARIA CLARA SOTTOMAYOR, em *"Regulação do exercício do poder paternal"*, pág. 176, nota 408, e os seguintes Acórdãos:

- do S.T.J., de 27-2-1970, no B.M.J. n.º 194, pág. 222, relatado por OLIVEIRA CARVALHO.
- da Relação do Porto, de 22-7-1977, na C.J., Ano II, tomo 5, pág. 1164, relatado por OLIVEIRA DOMINGUES.

No direito italiano, com igual abrangência, TOMMASO AULETTA, em *"Alimenti e solidarietà familiare"*, pág. 55-68, e C. MASSIMO BIANCA, em *"Diritto civile"*, vol. 2, pág. 360-361.

LEBRE DE FREITAS, MONTALVÃO MACHADO e RUI PINTO, em *"Código de Processo Civil anotado"*, pág. 111, parecem discordar desta noção ampla de sustento, restringindo-a à manutenção fisiológica do corpo.

O dano que põe em causa a habitação do lesado é todo aquele que o impede de usufruir a casa onde tem ou projectava ter instalada a sua residência permanente e habitual, incidindo directamente sobre a casa ou sobre a relação ou o acesso do lesado à casa (v.g. a destruição ou danificação da casa de habitação, o seu esbulho, o exercício de actividade que impeça o seu gozo, o incumprimento de obrigação contratual da sua entrega).

Estão excluídos os danos que afectem a utilização de casas onde o lesado não tenha instalado o centro da sua vida pessoal e familiar[159], como sucede com as habitações secundárias, chamadas "segundas casas", ou "casas de férias". Já as casas em que o lesado tenha residência alternada[160] devem ser incluídas no conceito de habitação do art.º 403.º, n.º 4, do C.P.C..

É irrelevante a relação jurídica que justifica a utilização da casa pelo lesado (v.g. arrendamento, comodato, posse, propriedade, usufruto, habitação), bastando que a mesma lhe confira um direito de indemnização pelo dano da privação do seu gozo.

Conforme consta da redacção do n.º 4, do art.º 403.º, do C.P.C., estes danos devem afectar "seriamente" o sustento ou a habitação do lesado. Não é suficiente qualquer diminuição dos rendimentos necessários a satisfazer as despesas inerentes à vivência do lesado e seus dependentes, nem qualquer limitação ao gozo da habitação daquele, exigindo-se que essas privações atinjam uma dimensão que justifique uma intervenção heterotutelar urgente. Não há critérios matemáticos para definir os limites dessa

---

[159] Sobre o conceito de residência permanente, ANTUNES VARELA, em anotação ao Acórdão do S.T.J. de 5-3-1985, na R.L.J., Ano 123, pág. 159 e 174-177, INOCÊNCIO GALVÃO TELLES, em Parecer publicado na C.J., Ano XIV, tomo 2, pág. 33, ALMEIDA COSTA e HENRIQUE MESQUITA, em Parecer publicado na C.J., Ano IX, tomo 1, pág. 21, ARAGÃO SEIA, em *"Arrendamento Urbano"*, pág. 430, e JANUÁRIO GOMES, em *"Arrendamentos para habitação"*, pág. 244-247.

[160] Sobre o conceito de residências alternadas, INOCÊNCIO GALVÃO TELLES, em Parecer publicado na C.J., Ano XIV, tomo 2, pág. 33, ANTUNES VARELA, em Anotação ao Acórdão do S.T.J. de 5-3-1985, na R.L.J., Ano 123, pág. 158-160 e 174-177, ALMEIDA COSTA e HENRIQUE MESQUITA, em Parecer publicado na C.J., Ano IX, tomo 1, pág. 22, e ARAGÃO SEIA, em *"Arrendamento Urbano"*, pág. 431-432.

dimensão considerada juridicamente relevante, devendo utilizar-se um juízo de razoabilidade para se obter um padrão objectivo que não deixe de ter em consideração as circunstâncias de cada caso concreto[161].

2.4. *A situação de necessidade*

Além da existência de um direito de indemnização pelos danos referidos nos n.º 1 e 4, do art.º 403.º, do C.P.C., exige-se, como requisito da providência cautelar de arbitramento de reparação provisória, que esses danos provoquem uma situação de necessidade do lesado[162] (art.º 403.º, n.º 2, do C.P.C.). É este estado de carência que não permite que se aguarde pelo desfecho da acção declarativa indemnizatória para se proceder à reparação dos prejuízos causados, justificando-se uma intervenção de emergência que elimine temporariamente aquela situação de necessidade premente. Apenas se admite a reparação provisória e antecipada do dano, quando se verifica uma situação de necessidade que, não sendo rapidamente debelada, faz temer que o direito de indemnização, quando se concretize, já não seja eficaz.

É o requisito consubstanciador do *periculum in mora* presente na generalidade das providências cautelares[163].

Consistindo esta providência na atribuição duma indemnização pecuniária, em forma de renda, a situação de necessidade referida só pode ser de cariz económico[164].

Este requisito é comum a todos os direitos de indemnização referidos no n.º 1 e no n.º 4, do art.º 403.º, do C.P.C..

---

[161] É o mesmo juízo que é utilizado para medir a gravidade dos danos não--patrimoniais (art.º 496.º, n.º 1, do C.C.) ou a escassa relevância do incumprimento parcial (art.º 802.º, n.º 2, do C.C.).

[162] A referência ao lesado abrange não só os lesados directos, mas também aqueles que se viram privados de prestação de alimentos, devido à morte ou lesão corporal do devedor.

[163] Cfr., *supra*, pág. 18-19.

[164] LEBRE DE FREITAS, MONTALVÃO MACHADO e RUI PINTO, em *"Código de Processo Civil anotado"*, pág. 110.

Nos casos de direito de indemnização de terceiros por perda do direito a alimentos a prestar ou em prestação pelo falecido ou pelo lesionado corporalmente, o requisito da necessidade nada vem acrescentar à titularidade desse direito, uma vez que a sua constituição já exige que se verifique uma situação de carência económica[165] mais exigente que o conteúdo desse requisito, como iremos ver. Apesar do estado de necessidade referido no n.º 2, do art.º 403.º, do C.P.C., revelar muitas semelhanças com a situação de carência do titular de um direito a alimentos, nos termos dos art.º 2003.º e seguintes do C.C.[166], a diversidade dos motivos que obrigam alguém a acudir a este tipo de situações e o facto de, no arbitramento de reparação provisória, estarmos perante uma conjuntura de insuficiência que apenas aguarda a reconstituição do quadro que existiria, se um evento danoso não tivesse ocorrido, impõem algumas diferenças na definição do estado de necessidade, num e noutro caso.

A situação de necessidade como requisito da providência cautelar de arbitramento de reparação provisória caracteriza-se por uma insuficiência actual e manifesta de rendimentos para fazer face às despesas inerentes à vivência do lesado e seus dependentes, de acordo com um padrão de vida digno, definido pelos valores vigentes. Não se exige a verificação de um estado de indigência ou de risco de sobrevivência física, mas a insuficiência de rendimentos deve ser suficientemente séria, não bastando uma qualquer dificuldade na gestão orçamental da vida económica do lesado. A desproporção entre o montante global dos rendimentos obtidos e o das despesas consideradas imprescindíveis deve ser manifesta. Apenas

---

[165] Sobre os contornos dessa situação, podem ler-se VAZ SERRA, em *"Obrigação de alimentos"*, pág. 104-120, PIRES DE LIMA e ANTUNES VARELA, em *"Código Civil anotado"*, vol. V, pág. 581-582, THEODOR KIPP e MARTIN WOLFF, em *"Derecho de familia"*, vol. II, pág. 225-227, e C. MASSIMO BIANCA, em *"Diritto civile"*, vol. 2, pág. 359-360.

[166] Daí que, no Projecto da 2ª Comissão Revisora do C.P.C., datado de 1993, esta providência fosse encarada como um direito a alimentos provisórios.

se justifica uma intervenção heterotutelar urgente, se a situação de necessidade assumir um grau de gravidade relevante, num juízo de razoabilidade. Além de evidente, o estado de necessidade deve ser actual, reportando-se às condições de vida do lesado existentes no momento em que recorre à providência de arbitramento de reparação provisória, repercutindo-se nesta todas as alterações que venham a ocorrer nessas condições.

Por um lado, devem ser medidos todos os rendimentos auferidos pelo lesado, quer respeitem a remunerações de trabalho, pensões, rendas, lucros, dividendos ou juros de capitais investidos. Ao invés do que sucede no direito a alimentos, apenas importam os rendimentos obtidos, sendo indiferente a dimensão do património do lesado[167]. Não é exigível que este se desfaça do seu património para acudir a uma situação de carência temporária, provocada por alguém que aparentemente está obrigado a suprimi-la, por um dever de reparação e não por um dever de mera solidariedade.

No outro prato da balança devem ser colocadas todas as despesas correntes do lesado, consideradas imprescindíveis segundo os valores actuais. Estes gastos são os inerentes às novas condições de vida resultantes da ocorrência do dano e não aos que se dispendiam antes desse evento[168].

---

[167] Constitui excepção a esta regra a propriedade sobre uma outra casa capaz de satisfazer as necessidades de habitação do lesado, na hipótese de se ter verificado um dano que o privou do gozo da casa que habitava. Mas já não influirá na avaliação da situação de carência a propriedade duma outra casa em local distante daquele onde o lesado tem centrada a sua vida profissional, social e familiar, por não satisfazer as suas necessidades de habitação.

Também integra outra excepção a circunstância do lesado dispor de património imobilizado suscetível de gerar rendimento, sem o onerar de forma não exigível.

[168] Se o lesado, em consequência do dano sofrido, deixou de trabalhar, já não interessam as despesas com transportes para o local de trabalho, mas já serão consideradas as despesas com a contratação de pessoa para efectuar serviços domésticos que o lesado deixou de poder efectuar, em consequência daquele dano.

Diferentemente do que sucede com o direito a alimentos, essas despesas respeitam não só à pessoa do lesado, mas também à dos seus dependentes[169].

No pacote de despesas a contabilizar, como já acima referimos a propósito da noção de "sustento", devem ser incluídas as necessárias à manutenção fisiológica do corpo, incluindo os tratamentos médicos e a higiene, e as despendidas com vestuário, habitação, transportes, instrução, formação profissional, convívio com os outros, informação, cultura e diversão do lesado e seus dependentes, variando a sua existência, dimensão e importância, de acordo com a pessoa de cada um (v.g. idade, sexo, saúde, nível cultural, número de dependentes, condições de vida).

Existindo diferentes níveis de qualidade e, consequentemente, de preço dos produtos e serviços que satisfazem estas necessidades, suscita-se a questão de saber se devem ser consideradas as despesas que cada um está habituado a fazer de acordo com o seu nível de vida e gostos pessoais, ou se deve ser apurado, num juízo abstracto, um nível de qualidade mínima que deverá ser considerado, independentemente dos hábitos do lesado, para determinar o montante das despesas consideradas imprescindíveis. Destinando-se a reparação provisória dos danos a simplesmente debelar com rapidez uma situação em que está em perigo uma vivência do lesado dentro dos limites da dignidade humana, de acordo com os valores actuais, e não a reconstituir antecipada e integralmente a posição deste antes de ter ocorrido o evento danoso, deve adoptar-se o critério do nível da qualidade mínima dos referidos bens de consumo do lesado[170]. Esta forma de determinação do valor das

---

[169] ABRANTES GERALDES, em *"Temas da reforma do processo civil..."*, vol. IV, pág. 148.

[170] É este também o critério adoptado na definição do conteúdo do direito a alimentos, apesar de se defender que, nos alimentos entre cônjuges separados de facto e dos filhos, o obrigado deve assegurar não só o indispensável ao sustento digno do credor de alimentos, mas tudo o mais que integre o nível de vida correspondente à condição económica e social do casal ou da família. Neste sentido, opinaram, relativamente a alimentos entre cônjuges separados de facto, VAZ SERRA, em anotação ao Acórdão do S.T.J. de 21-6-1968, na R.L.J., Ano 102, pág. 264, e em *"Obrigação de alimentos"*, pág. 75, PEREIRA COELHO e

despesas do lesado julgadas imprescindíveis, não impede todavia que sejam consideradas aquelas que, apesar de situadas num nível superior ao da exigência mínima, a dispensa dos respectivos bens

GUILHERME DE OLIVEIRA, em *"Curso de direito de família"*, vol. I, pág. 360, e os seguintes Acórdãos:
- da Relação do Porto, de 23-2-1978, na C.J., Ano III, tomo 1, pág. 188, relatado por GOES PINHEIRO.
- do S.T.J., de 17-2-1981, no B.M.J. n.º 304, pág. 428, relatado por VICTOR COELHO.
- da Relação de Coimbra, de 12-4-1988, na C.J., Ano XIII, tomo 2, pág. 64, relatado por BENTO DO COUTO.
- do S.T.J., de 8-2-2000, na C.J. (Ac. do S.T.J.), Ano VIII, tomo 1, pág. 74, relatado por FERREIRA RAMOS.
- da Relação de Évora, de 5-12-2002, na C.J., Ano XXVII, tomo 5, pág. 243, relatado por ANA GERALDES.
- do S.T.J., de 16-12-2004, no site www.dgsi.pt, relatado por OLIVEIRA BARROS.
- da Relação de Lisboa, de 25-1-2005, no site www.dgsi.pt, relatado por SOARES CURADO.
- da Relação de Lisboa, de 16-3-2006, no site www.dgsi.pt, relatado por MANUELA GOMES.

Em sentido contrário, pronunciaram-se INOCÊNCIO GALVÃO TELLES, em parecer publicado na C.J., Ano XIII, tomo 2, pág.19-21, PIRES DE LIMA e ANTUNES VARELA, em *"Código Civil anotado"*, vol. IV, pág. 266 e vol V, pág. 612, NAZARETH LOBATO GUIMARÃES, em *"Alimentos"*, em *"Reforma do Código Civil"*, pág. 190-193, e o Acórdão da Relação de Coimbra, de 20-1-2004, relatado por RUI BARREIROS.

Relativamente aos alimentos a prestar pelos pais aos filhos, defenderam o critério da manutenção do nível de vida da família VAZ SERRA, em *"Obrigação de alimentos"*, pág. 124, PIRES DE LIMA e ANTUNES VARELA, em *"Código Civil anotado"*, vol. IV, pág. 266, MARIA CLARA SOTTOMAYOR, em *"Regulação do exercício do poder paternal"*, pág. 176-178, e os seguintes Acórdãos:
- da Relação do Porto, de 24-2-2005, no site www.dgsi.pt, relatado por BAPTISTA OLIVEIRA.
- da Relação do Porto, de 4-5-2006, no site www.dgsi.pt, relatado por NUNO ATAÍDE.

Sustentaram também a existência de um direito a alimentos de conteúdo privilegiado entre os ex-cônjuges PEREIRA COELHO e GUILHERME DE OLIVEIRA, em *"Curso de direito de família"*, vol. I, pág. 677-679, e os seguintes Acórdãos:
- do S.T.J., de 25-1-1979, no B.M.J. n.º 283, pág. 310, relatado por MIGUEL CAEIRO.
- da Relação de Coimbra, de 28-6-1983, na C.J., Ano VIII, tomo 4, pág. 33, relatado por PEREIRA DA SILVA.

ou serviços cause consequências gravosas para o lesado ou seus dependentes[171].

Nos casos de dano em que é posta em causa a habitação do lesado, para avaliar da existência de um estado de necessidade, deve também ser considerado, além das outras despesas, o custo do gozo duma habitação que lhe proporcione uma vida digna até à reparação definitiva do dano causado.

Não deve ser considerado em situação de necessidade o lesado que apesar de auferir rendimentos manifestamente inferiores às despesas consideradas imprescindíveis, disponha de condições para obter de imediato um acréscimo suficiente de rendimentos, com a rentabilização de património imobilizado, ou com o seu trabalho, tendo em consideração a sua saúde, as suas aptidões e as suas habilitações actuais. Permanecendo essa situação de necessidade devido a inércia do lesado, não deve a mesma ser relevada para o efeito de se proceder a uma reparação provisória e urgente dos danos sofridos.

Nos rendimentos do lesado não devem ser consideradas, em regra, quaisquer quantias que, eventualmente, este tenha direito a receber devido à situação de necessidade que atravessa, resultantes de um direito a alimentos, ou de prestações sociais especificamente destinadas a acudir a situações de carência (v.g. rendimento mínimo garantido).

Na verdade, a verificação de um estado de carência económica que coloque em risco a sobrevivência de um indivíduo pode desencadear na sociedade actual o accionamento duma multiplicidade de mecanismos destinados a acudir a essa situação de necessidade. Simultaneamente com a ancestral solidariedade familiar criadora de obrigações alimentares entre os familiares mais próximos, o actual Estado de Direito Económico e Social também concede aos cidadãos um conjunto de direitos subjectivos públicos que obrigam

---

[171] Como, por exemplo, sucederia se os filhos dependentes do lesado frequentassem um determinado estabelecimento de ensino de custo superior ao necessário para assegurar uma instrução condigna, revelando-se contudo gravosa para estes a opção de mudança para outro estabelecimento com custos inferiores, pelo menos no ano lectivo em curso.

o Estado a efectuar determinadas prestações sociais que visam minorar o estado de carência económica dos cidadãos[172]. Mas todas estas obrigações são, em regra, subsidiárias das obrigações de indemnização indicadas nos n.º 401.º, n.º 1 e 4, do C.P.C.. Aquelas só actuam se e enquanto o cumprimento destas últimas não debelar eficazmente o estado de necessidade do lesado, nomeadamente através do funcionamento da providência cautelar de arbitramento de reparação provisória. É esta relação de subsidiariedade que resolve o concurso entre os diversos direitos acima mencionados, sendo certo que a obrigação primeira e intocável é a daquele que causou o dano a indemnizar. Deste modo, respondendo apenas o obrigado a alimentos ou o Estado-Providência, apenas na medida em que o causador do dano não afaste o estado de necessidade que provocou, não deve o direito a receber as respectivas prestações influenciar a existência e o direito do lesado ser indemnizado provisoriamente pelos responsáveis pelo dano causado.

Mas, se o lesado já tiver recebido quaisquer quantias no exercício desses direitos subsidiários, deve o impacto do recebimento dessas quantias na sua situação patrimonial ser considerada para aquilatar do estado de necessidade invocado, tendo as entidades ou pessoas pagadoras, muitas vezes, direito a subrogarem-se na posição do lesado para reaverem do responsável pela indemnização os montantes desembolsados.

Independentemente das fontes de auxílio acima mencionadas, também a outorga de determinados contratos de seguro, cujo objecto não seja a transferência da própria responsabilidade civil que fundamenta o arbitramento de reparação provisória, poderá ter criado para a entidade seguradora a obrigação de efectuar a reparação dos prejuízos consubstanciadores da situação de necessidade em causa (v.g. seguros de vida, de incapacidade para o trabalho, de doença, de veículos, de habitação, de perdas pecuniárias).

Também, nestas hipóteses, o simples direito a receber a indemnização a cujo pagamento a entidade seguradora se obrigou não

---

[172] Sobre a evolução da relação de forças entre a ideia de solidariedade familiar e solidariedade social, leia-se REMÉDIO MARQUES, em *"Algumas notas sobre alimentos..."*, pág. 203-247.

deve ser considerado na averiguação do estado de necessidade do lesado, mas, se já se prestaram indemnizações, em espécie ou com a entrega de quantias em dinheiro, deve a repercussão desses pagamentos na situação patrimonial do lesado ser considerada no apuramento do seu estado de necessidade[173].

2.5. *O nexo de causalidade*

A previsão desta providência não teve como objectivo possibilitar uma reparação célere e antecipada dos danos aos mais desfavorecidos economicamente, mas sim conferir essa possibilidade àqueles que foram colocados numa situação de necessidade económica conjuntural, como consequência do dano causado por outrém. Daí que a respectiva obrigação do lesante acudir a essa situação só tem lógica, se ela tiver resultado do acto lesivo.

É este nexo causal que exige o n.º 2, do art.º 403.º, do C.P.C.. O estado de necessidade deve ser uma consequência do dano gerador duma das obrigações de indemnização referidas nos n.º 1 e 4, do mesmo artigo[174].

Se o lesado já se encontrava em situação de necessidade económica antes de se ter verificado o evento danoso, o qual em nada alterou essa situação, não tem direito a que o lesante suprima esse

---

[173] As entidades seguradoras têm o direito de se sub-rogarem nos direitos do lesado sobre o responsável pelo dano causado, nos termos do art.º 441.º, do Código Comercial.

[174] ABRANTES GERALDES, em *"Temas da reforma do processo civil..."*, vol. IV, pág. 148-150, CÉLIA PEREIRA, em *"Arbitramento de reparação provisória"*, pág. 130-134, e os seguintes Acórdãos:
 ✍ da Relação de Lisboa, de 10-11-1998, na C.J., Ano XXIII, tomo 5, pág. 85, relatado por ROQUE NOGUEIRA.
 ✍ da Relação de Lisboa, de 19-11-1998, na C.J., Ano XXIII, tomo 5, pág. 103, relatado por SILVA SANTOS.
 ✍ da Relação do Porto, de 22-11-2005, no site www.dgsi.pt, relatado por EMÍDIO COSTA.
 ✍ da Relação do Porto, de 16-1-2006, no site www.dgsi.pt, relatado por CUNHA BARBOSA.

estado de carência. Mas, se o dano causado agravou um estado de necessidade que já existia, cavando ainda mais o fosso entre o montante dos rendimentos obtidos e o das despesas necessárias a uma vivência digna, já o lesado pode socorrer-se da providência cautelar de arbitramento de reparação provisória para evitar o agravamento do seu défice orçamental[175].

Se a situação de necessidade teve outra ou outras causas, além do evento danoso constitutivo de um dos direitos de indemnização previstos no art.º 403.º, do C.P.C.[176], o lesado não deixará de poder requerer a respectiva providência cautelar, devendo essa concausalidade ser considerada no montante da reparação a arbitrar. O lesante apenas deve ser responsável pela superação dessa situação na proporção em que o dano por si provocado contribuiu para a criação ou agravamento do estado de necessidade económica do lesado.

3. O conteúdo da providência

A providência cautelar de arbitramento de reparação provisória, como meio de combater uma situação de necessidade económica que faz perigar a eficácia do ressarcimento de um dano, traduz-se na condenação do lesante no pagamento duma quantia certa, sob a forma de renda mensal, destinada à reparação provisória desse dano (art.º 403.º, n.º 1, do C.P.C.). A medida de urgência escolhida pelo legislador para debelar aquela situação de perigo que coloca em risco a eficácia do direito de indemnização, nos casos tipificados, foi a da antecipação do seu reconhecimento judicial, em termos provisórios, com fixação do seu montante na parte necessária para afastar o estado de necessidade do lesado.

---

[175] Neste mesmo sentido, CÉLIA PEREIRA, em *"Arbitramento de reparação provisória"*, pág. 132.

[176] O que sucederá se, por exemplo, o lesado corporalmente, que perdeu a capacidade de trabalho e os consequentes rendimentos que o seu emprego lhe proporcionava, deixa de receber as rendas de um estabelecimento cuja exploração havia cedido, por incêndio do imóvel onde o mesmo estava instalado.

Esta indemnização provisória, de natureza cautelar, não deve ser confundida com a equivocamente denominada *"indemnização provisória"*, prevista no art.º 565.º, do C.C.. Este dispositivo consagra uma simples medida antecipatória da decisão final, indiferente a qualquer situação de perigo, e que permite uma fixação parcial da indemnização em termos definitivos em momento anterior àquele em que será fixada a parte restante da indemnização. Nos casos em que na acção declarativa não foi possível recolher todos os elementos necessários à fixação do quantitativo indemnizatório, devendo ser relegada essa precisão para a fase executiva, o tribunal pode condenar desde logo o devedor no pagamento duma indemnização dentro do quantitativo que considere já provado (art.º 565.º, do C.C.). A condenação neste quantitativo, ao contrário do que sucede com a indemnização cautelar, tem caracter definitivo, não sendo passível de posterior restituição, vindo apenas posteriormente a somar-se a ele a parte da indemnização que, na altura, não estava determinada[177].

O direito de indemnização destina-se a colocar o lesado na situação em que se encontraria, se não tivesse ocorrido o acontecimento produtor do dano (art.º 562.º, do C.C.).

Essa finalidade pode ser perseguida através da restauração natural, ou indemnização em forma específica dos interesses do lesado atingidos, que é a forma mais perfeita de reparação, ou através duma restituição por equivalente, traduzida na entrega de uma quantia em dinheiro que corresponda ao montante dos danos.

No nosso sistema, a primeira modalidade é a regra, podendo o credor exigi-la contra a vontade do devedor, como inversamente, pode este prestá-la contra a vontade daquele[178]. Apesar deste princípio, a indemnização deve ser fixada em dinheiro sempre que a reconstituição natural não seja possível, não repare integralmente

---

[177] *Vide*, estabelecendo idêntica distinção, CÉLIA PEREIRA, em *"Arbitramento de reparação provisória"*, pág. 85-86.

[178] ALMEIDA COSTA, em *"Direito das obrigações"*, pág. 715-716, PESSOA JORGE, em *"Ensaio sobre os pressupostos da responsabilidade civil"*, pág. 421--422, e MENEZES CORDEIRO, em *"Direito das obrigações"*, pág. 402.

os danos, ou seja excessivamente onerosa para o devedor (art.º 566.º, n.º 1, do C.C.). Estas regras podem ser afastadas pelo acordo de vontade das partes, expresso ou tácito.

Apesar desta multiplicidade de formas que pode assumir o direito de indemnização, nesta intervenção antecipatória, o legislador impôs que a reparação provisória se efectuasse na modalidade de indemnização em dinheiro, dado que apenas se pretendia atacar uma situação urgente de insuficiência económica. E, para fazer face a uma falta de dinheiro, o único remédio é o pagamento de uma quantia em dinheiro. O lesado não pode assim requerer, no âmbito deste procedimento[179], o tratamento dos seus ferimentos, ou que lhe seja conferido o livre acesso à casa ou aos meios que lhe proporcionavam rendimentos de que se viu privado, podendo apenas pedir que lhe seja paga uma quantia em dinheiro, por conta da indemnização a que tem direito, que o livre do estado de necessidade económica que atravessa, por força do dano sofrido[180]. Pela mesma razão também não pode o requerido impor a reparação "in natura" da situação de necessidade[181].

A quantia fixada pelo tribunal deve ser uma quantia certa (art.º 403.º, n.º 1, do C.P.C.), não podendo ser diferida a sua liquidação para momento posterior. A natureza urgente das providências cautelares não admite que se adie a fixação do montante indemnizatório por falta de elementos suficientes, procedendo-se a uma mera condenação genérica. Indiciada a existência do direito de indemnização e verificada a situação de necessidade provocada pelo dano a indemnizar, deve o juiz arbitrar uma quantia certa, como reparação provisória, com os elementos de que disponha, recorrendo a um juízo de equidade.

---

[179] O que não quer dizer que não possa deduzir essas pretensões num procedimento cautelar inominado, ou de restituição provisória de posse, caso se verifiquem os respectivos pressupostos.

[180] Mas nada impede que as partes transaccionem neste procedimento cautelar, acordando nessas formas de reparação "in natura".

[181] *Vide*, neste sentido, o Acórdão da Relação do Porto, de 5-12-2005, no site www.dgsi.pt, relatado por CUNHA BARBOSA.

3.1. A indemnização em forma de renda

Mas o legislador não só impôs a opção pela indemnização em dinheiro, como também determinou que essa quantia monetária fosse arbitrada na forma de renda paga mensalmente[182].

A obrigação de indemnizar em dinheiro é, em regra, cumprida através da entrega ao lesado de um capital. O art.º 567.º, do C.C., permite, porém, que o tribunal, a requerimento do lesado, possa conferir à indemnização, no seu todo ou em parte, a forma de renda vitalícia ou temporária, atendendo à natureza continuada dos danos, como ocorre com a diminuição da capacidade de trabalho ou com a necessidade de efectuar despesas fraccionadas, com carácter de permanência.

Visando esta indemnização provisória fazer face ao défice que se verifica entre as despesas e as receitas da vida corrente do lesado e sabendo-se que a economia dos particulares, em regra, é orçamentada em ciclos mensais, justifica-se que o legislador tenha imposto que a quantia indemnizatória fosse fixada na forma de renda mensal[183]. Se a determinação da situação de necessidade é medida por um valor negativo mensal a sua eliminação deve ser obtida através da atribuição de uma quantia mensal com esse valor. As prestações mensais devem ser correspondentes ao número de meses reais existentes no ano, segundo o nosso calendário (doze), não fazendo sentido fixar o pagamento duma renda mensal, catorze vezes por ano, por similitude com as catorze remunerações laborais que se verificam num ano, com a atribuição de subsídios de férias e de Natal[184].

---

[182] O Acórdão da Relação do Porto de 22-11-2005, no site www.dgsi.pt, relatado por EMÍDIO COSTA, julgou improcedente um pedido de arbitramento de reparação provisória, para custear uma operação a lesão resultante de acidente de viação, além do mais, porque era peticionado o pagamento do capital necessário para a realização dessa operação.

Nada impede, contudo, que as partes transaccionem no procedimento cautelar, acordando que o requerido entregue ao lesado, numa vez só, um determinado capital.

[183] É essa também a regra na prestação de alimentos (art.º 2005, n.º 1, do C.C.).

[184] Efectuando igual raciocínio relativamente às prestações de alimentos, REMÉDIO MARQUES, em *"Algumas notas sobre alimentos..."*, pág. 110-111 e o Acórdão da Relação de Lisboa de 15-5-1979, na C.J., Ano IV, tomo 3, pág. 779, relatado por SOLANO VIANA.

Atento o cariz provisório das providências cautelares[185], esta renda é temporária[186], vigorando apenas enquanto permanecer a situação de necessidade e não caducar a respectiva providência cautelar, tendo como limite máximo o momento do pagamento da indemnização definitivamente fixada[187].

A opção por este sistema indemnizatório apresenta ainda as vantagens de poder acompanhar a duração do estado de necessidade e adaptar-se às suas alterações, de evitar que o lesante tenha de pagar por uma só vez uma quantia que pode revelar-se muito elevada, e de impedir que o lesado dissipe o capital. Tem, porém, o risco da insolvência superveniente do devedor.

Na condenação em indemnização em forma de renda nas acções declarativas, o juiz, além de fixar o montante da renda, deve também determinar as providências necessárias para garantir o seu pagamento (art.º 567.º, n.º 1, do C.C.), uma vez que este se vai prolongar no tempo, prevenindo-se assim o risco da insolvência superveniente do devedor. Entre essas medidas de garantia encontra-se seguramente a caução (art.º 623.º e seg., do C.C.), a hipoteca judicial de bens imóveis do devedor (art.º 710.º, do C.C.) e outras mais imaginativas, como a aplicação de um capital inalienável até ao termo da obrigação de pagamento da renda[188]. Contudo, considerando que o pagamento das indemnizações cautelares não se prolongará por um longo período de tempo, pese embora a lentidão da máquina judicial, e que o cumprimento das decisões cautelares é assegurado por meios específicos, não se justifica que a fixação destas indemnizações seja acompanhada do estabelecimento de medidas de garantia do seu pagamento.

---

[185] Cfr., *supra*, pág. 27-29.

[186] Esta transitoriedade pode ser por prazo certo, no caso da situação de necessidade se encontrar perfeitamente demarcada no tempo, ou por prazo incerto, se não existe previsão para o termo dessa situação.

[187] Cfr., *infra*, pág. 116-117.

[188] Sobre estas providências, ver VAZ SERRA, em *"Obrigação de indemnização"*, no B.M.J. n.º 84, pág. 164-166, e DÁRIO MARTINS DE ALMEIDA, em *"Manual de acidentes de viação"*, pág. 141-142.

3.2. O montante da indemnização

O valor da indemnização em forma de renda mensal deve ser fixado pelo tribunal em quantia certa, num juízo de equidade (art.º 403.º, n.º 3, do C.P.C.).

O legislador preferiu conferir ao julgador uma grande liberdade na delicada operação de fixação do *quantum* da reparação provisória, em vez de impor critérios objectivos[189]. Pretendeu-se facilitar uma adequação da providência ao caso concreto que permitisse uma ponderação de todas as circunstâncias peculiares de cada situação individual. Isso não significa que se entregou ao arbítrio pessoal de cada julgador a definição do conteúdo destas providências cautelares. O arbitramento da indemnização provisória não está dependente dos sentimentos, dos preconceitos ou dos ressentimentos conscientes do julgador. Este está sempre vinculado à busca da solução mais justa, de acordo com os grandes princípios do direito e das regras basilares da sua aplicação, como são *"a boa prudência, o bom senso prático, a justa medida das coisas e a criteriosa ponderação das realidades da vida"*[190].

Assim, apesar de não existir qualquer norma que imponha critérios objectivos de quantificação desta indemnização, o julgador não poderá deixar de se orientar pelos princípios gerais que regem a indemnização em dinheiro e a finalidade visada por esta providência cautelar.

Em primeiro lugar, a renda mensal a fixar deverá procurar igualar o valor dos rendimentos do lesado ao montante das suas despesas consideradas imprescindíveis[191], calculados mensalmente,

---

[189] A permissão legal de juízos de equidade na fixação do *"quantum"* indemnizatório, na responsabilidade civil, verifica-se nos casos de indemnização por mera culpa (art.º 494.º, do C.C.), por danos não patrimoniais (art.º 496.º, n.º 3, do C.C.) por pessoa não imputável (art.º 489.º, n.º 1 e 503.º, n.º 2, do C.C.), por danos indetermináveis (art.º 566.º, n.º 3, do C.C.), por danos em estado de necessidade (art.º 339.º, n.º 2, do C.C.) e pelo rompimento da promessa de casamento (art.º 1594.º, n.º 3, do C.C.).

[190] No Ac. do S.T.J. de 10-2-1998, na C.J. (Ac. do S.T.J.), Ano VI, tomo 1, pág. 65, relatado por Fernando Fabião.

[191] Cfr., *supra*, pág. 83-86.

uma vez que ela visa pôr termo ao estado de necessidade daquele provocado ou agravado pelo dano sofrido. A indemnização cautelar nunca deverá ultrapassar em caso algum este valor, sob pena de exceder a sua finalidade.

Em segundo lugar, ela também deve ter como limite a diminuição de rendimentos e o acréscimo de despesas causados pelos danos a indemnizar, calculados mensalmente, dado que a indemnização cautelar é uma simples antecipação da indemnização definitiva desses danos patrimoniais, não se destinando a satisfazer necessidades que não tenham sido por eles provocadas.

Em terceiro lugar, a fixação deste montante indemnizatório deverá considerar a existência de todos os elementos que possam influir no montante da indemnização definitiva, fazendo repercutir proporcionalmente essas influências, de modo a evitar que a indemnização provisória possa ser superior à indemnização definitiva.

Assim, deverá ser ponderada a condição económica do obrigado ao pagamento da indemnização[192], pelo menos nos casos em que a responsabilidade civil extracontratual se funda em mera culpa[193], mesmo nos casos de responsabilidade pelo risco[194], uma vez que esse factor, a par do grau de gravidade da culpa e da situação económica do lesado, pode diminuir o valor da indemnização definitiva (art.º 494.º, e 499.º, do C.C.). Apesar de não ser aplicável a esta providência cautelar o disposto no art.º 387.º, n.º 2, do C.P.C. (por força do art.º 392.º, n.º 1, do C.P.C.), segundo o qual a providência deve ser rejeitada quando o prejuízo dela resultante exceda consideravelmente o dano que com ela se pretende evitar, a fixação do montante indemnizatório deve evitar que o seu pagamento coloque a pessoa

---

[192] LEBRE DE FREITAS, MONTALVÃO MACHADO e RUI PINTO, em *"Código de Processo Civil anotado"*, vol. 2.º, pág. 111, e CÉLIA PEREIRA, em *"Arbitramento de reparação provisória"*, pág. 147.

[193] PESSOA JORGE, em *"Ensaio sobre os pressupostos da responsabilidade civil"*, pág. 365-366, também estende a aplicação do art.º 494.º, do C.C., à responsabilidade contratual, contra a opinião de ANTUNES VARELA, em *"Das obrigações em geral"*, vol. I, pág. 913, e ALMEIDA COSTA, em *"Direito das obrigações"*, pág. 496-497.

[194] ANTUNES VARELA, em *"Das obrigações em geral"*, vol. I, pág. 914, e ALMEIDA COSTA, em *"Direito das obrigações"*, pág. 496-497.

obrigada numa situação de carência consideravelmente superior àquela que atinge o lesado. Se é admissível que do pagamento da renda mensal indemnizatória possa resultar para o obrigado à indemnização uma situação de necessidade[195], simultaneamente que debela o estado de necessidade do lesado[196], já não parece possível que seja posta em causa a sobrevivência físiológica daquele para assegurar a dignidade da vivência deste. O julgador, na fixação da indemnização, deve aproveitar a possibilidade de recorrer a um juízo equitativo, de forma a ponderar as insuficiências económicas em jogo e a encontrar um equilíbrio que não esqueça que estamos perante uma indemnização provisória, fundamentada numa simples aparência de um direito a uma indemnização.

Nalguns casos de responsabilidade pelo risco, também deve ser tomada em consideração a existência de tectos indemnizatórios (art.º 508.º e 510.º, do C.C.), de modo a evitar-se que a indemnização cautelar ultrapasse esses tectos.

Igualmente terá que ser relevada a existência duma situação de concorrência entre o facto do agente, ou o risco da sua actividade e o facto culposo do lesado, dos seus representantes ou auxiliares, o qual, além de poder excluir o próprio direito de indemnização, pode simplesmente provocar a redução do seu montante (art.º 570.º e 571.º do C.C.), o que deverá ser considerado na fixação da indemnização cautelar.

Quando existam, também devem ser ponderadas as estipulações das partes relativas ao montante indemnizatório, desde que não afastem normas legais imperativas ou de ordem pública. Essas convenções podem agravar ou limitar esse quantitativo, ou traduzir-se numa cláusula penal (art.º 810.º e seg., do C.C.), pelo que a renda cautelar também deverá considerar a influência dessas estipulações sobre o montante da indemnização definitiva.

---

[195] O que não poderá ocorrer se o obrigado à indemnização for pessoa inimputável, nos termos e condições do art.º 489.º, n.º 1, do C.C., atenta a limitação do n.º 2 deste artigo, a qual também deve ser aplicada à indemnização cautelar.

[196] Ao contrário do que sucede com o direito a alimentos, cujo exercício não pode colocar o obrigado numa situação de necessidade.

A existência duma causa virtual do dano também pode influir sobre o montante indemnizatório[197], pelo que essa circunstância, a existir, também deverá ser ponderada na fixação da renda cautelar.

Apesar das despesas com a acção, da qual o procedimento cautelar de arbitramento de reparação provisória é dependente, se o seu autor não beneficiar de apoio judiciário, poderem ser consideradas no montante global das despesas deste, não deve ser arbitrada qualquer indemnização específica para ressarcir essa particular despesa. Ao contrário do que sucede com a providência cautelar de alimentos provisórios (art.º 399.º, n.º 2, do C.P.C.), o legislador não previu essa indemnização na providência de arbitramento de reparação provisória e a remissão constante do art.º 404.º, n.º 1, do C.P.C., é apenas para o processamento do procedimento cautelar de alimentos provisórios[198] e não para o conteúdo da providência.

Se o período durante o qual o lesado vai atravessar dificuldades económicas se encontrar temporalmente determinado, nada impede que o julgador fixe desde logo o número de meses durante o qual deverá ser paga a renda arbitrada. Deste modo se evitará o posterior incidente processual de cessação da prestação fixada[199].

Também para evitar o recurso posterior ao incidente processual de alteração da prestação fixada[200], poderá o julgador desde logo determinar a actualização automática posterior do montante da renda (aumentando-o ou diminuindo-o), de acordo com a dimensão das necessidades futuras do lesado já determinadas[201]. A mera actualização anual do montante da renda para fazer face à depreciação do valor da moeda, provocada pelo fenómeno inflaccionário, deve desde logo constar da decisão inicial de arbitramento

---

[197] ANTUNES VARELA, em *"Das obrigações em geral"*, vol. I, pág. 924-936.
[198] Acórdão da Relação de Lisboa de 23-11-1999, na C.J., Ano XXIV, tomo 5, pág. 99, relatado por SANTOS MARTINS.
[199] Cfr., *infra*, pág. 115-119.
[200] Cfr., *infra*, pág. 112-115.
[201] Caso a situação de necessidade se venha a prolongar por período superior ao determinado na providência cautelar, pode o lesado accionar o incidente de alteração da prestação fixada previsto no art.º 401.º, n.º 2, do C.P.C., aplicável ao procedimento cautelar de arbitramento de reparação provisória, nos termos do disposto no art.º 404.º, n.º 1, do C.P.C..

da renda mensal, com referência ao índice anual de inflacção verificado nos preços ao consumidor, de acordo com as estatísticas oficiais.

Tendo em consideração um juízo de prognose sobre o montante global da indemnização que o requerente poderá obter na acção principal, nada parece impedir que, na decisão que arbitre as rendas provisórias, se fixe um capital máximo que essas rendas poderão somar, o qual ao ser atingido determinará a cessação da providência cautelar.

Ao contrário do que sucede com a providência cautelar de alimentos provisórios (art.º 401.º, n.º 1, do C.P.C.), o legislador não determinou o momento a partir do qual era devida a renda arbitrada, no arbitramento de reparação provisória. Não foi seu desejo, porém, afastar a mesma solução que havia sido consagrada para os alimentos provisórios, tendo antes calculado que a remissão constante do art.º 404.º, n.º 1, do C.P.C., abrangeria o disposto no art.º 401.º, n.º 1, do C.P.C.[202]. Contudo, o conteúdo daquela norma remissiva não abrange a regra estabelecida para os alimentos provisórios relativa ao momento em que os mesmos são devidos, uma vez que esta não se inclui nas normas que respeitam ao respectivo procedimento cautelar. A indicação do momento a partir do qual são devidos os alimentos provisórios insere-se no campo do conteúdo e limites da própria providência e não na disciplina da sua tramitação processual, pelo que o legislador cometeu um "erro de

---

[202] No mesmo sentido, vide, ABRANTES GERALDES, em *"Temas da reforma do processo civil..."*, vol. IV, pág. 165, CÉLIA PEREIRA, em *"Arbitramento de reparação provisória"*, pág. 163-164, e os Acórdãos:

≤ da Relação de Lisboa, de 23-11-1999, na C.J., Ano XXIV, tomo 5, pág. 99, relatado por SANTOS MARTINS.

≤ da Relação do Porto, de 12-12-2002, no site www.dgsi.pt, relatado por PINTO DE ALMEIDA.

LEBRE DE FREITAS, MONTALVÃO MACHADO e RUI PINTO, em *"Código de Processo Civil anotado"*, 2.º vol., pág. 114, opinam que o disposto no art.º 401.º, n.º 1, do C.P.C., é privativo da providência cautelar de alimentos provisórios, não se aplicando à de arbitramento de reparação provisória, não adiantando contudo qual deve ser o momento a partir do qual são devidas as rendas desta providência.

cálculo". Isso não impede que o intérprete aplique na providência cautelar de arbitramento de reparação provisória o mesmo critério que conduziu o legislador à solução consagrada para os alimentos provisórios[203]. Apesar da situação de necessidade poder iniciar-se em data anterior, a data em que a sua existência irá ser verificada é a da propositura do procedimento cautelar, sendo também essa a data em que o requerente solicita auxílio urgente, pelo que se justifica que a renda mensal arbitrada pelo tribunal deva já incidir sobre a situação de necessidade vivida no mês seguinte ao da propositura da acção. A rapidez da tramitação deste procedimento cautelar, em regra, permitirá não só que o conhecimento do demandado da existência do pedido do lesado, como também a própria fixação do montante da renda, ocorram no mês anterior ou no mesmo mês a que se reporta a primeira prestação.

As rendas devem ser pagas antecipadamente ao período mensal a que respeitam, vencendo-se no primeiro dia de cada mês.

4. O cumprimento da providência

Fixado pelo tribunal o montante da renda mensal a pagar ao lesado, como reparação provisória dos prejuízos sofridos por este, tornam-se imediatamente exigíveis as mensalidades correspondentes aos meses que decorreram entre o mês subsequente ao da propositura da providência e aquele que se encontra em curso, no momento em que é proferida a decisão cautelar[204]. As rendas posteriores serão exigíveis no primeiro dia de cada um dos meses que se seguirem, enquanto se mantiver a providência decretada.

Não é possível requerer a substituição desta providência por caução, nos termos do art.º 387.º, n.º 3, do C.P.C., uma vez que esta medida impediria que se evitasse a situação de necessidade que o

---

[203] Esta solução foi introduzida pela Reforma do C.P.C. de 1961 que acrescentou um n.º 5 ao então art.º 389.º, contendo a indicação do momento a partir do qual eram devidos os alimentos provisórios.

[204] O recurso desta decisão não tem efeito suspensivo sobre a sua eficácia imediata (art.º 738.º, n.º 1, b), do C.P.C. e 740.º, do C.P.C.).

arbitramento de reparação provisória procura suprir[205]. Pelas mesmas razões, não é permitido tornar a concessão desta providência dependente de prestação de caução pelo requerente, nos termos do art.º 390.º, n.º 2, do C.P.C. (art.º 392.º, n.º 2, do C.P.C.). Se foi reconhecido que ele necessita de dinheiro urgentemente para poder sobreviver, como é possível que se lhe exija a prestação duma caução que garanta o eventual reembolso do dinheiro que vai receber?

O cumprimento desta prestação fraccionada está sujeito às regras de cumprimento das obrigações pecuniárias (art.º 550.º a 558.º e art.º 762.º e seg. do C.C.), podendo ser efectuado através dos mais diversos meios, nomeadamente: entrega em numerário, emissão de cheque, expedição de vale do correio, transferência bancária e depósito bancário.

A mora no seu cumprimento confere ao credor o direito de exigir o pagamento de juros à taxa legal, nos termos dos art.º 806.º, do C.C..

4.1. O crime de desobediência qualificada

Conforme já referimos[206], o legislador procurou assegurar o cumprimento das decisões cautelares que necessitassem de um acto de colaboração do demandado, através de medidas que o pressionassem a acatar a injunção judicial. Assim, criminalizou o acto de incumprimento da decisão cautelar (art.º 391.º, do C.P.C.), como meio de indução ao cumprimento que intima o demandado a respeitar a providência decretada, ameaçando-o com uma sanção penal.

---

[205] ABRANTES GERALDES, em *"Temas da reforma do processo civil..."*, vol. IV, pág. 166, LEBRE DE FREITAS, MONTALVÃO MACHADO e RUI PINTO, em *"Código de Processo Civil anotado"*, 2.º vol., pág. 114, CÉLIA PEREIRA, em *"Arbitramento de reparação provisória"*, pág. 173-175 e o Acórdão do S.T.J. de 15-5-1999, na C.J., Ano VII, tomo 2, pág. 97, relatado por NORONHA NASCIMENTO, em que se pode ler : *"Imaginemos o lesado em acidente de viação que requer uma renda mensal como meio de recepção antecipada da indemnização a que tem direito por lesão da sua personalidade; de que lhe serve o lesante prestar caução se o que ele quer é receber, por conta, parte daquilo a que tem direito?"*.

[206] Cfr., *supra*, pág. 93.

Após prolongada polémica[207] sobre se o não acatamento de decisão cautelar constituía a prática de um crime de desobediência, o D.L. 329-A/95, ao abrigo da Lei de autorização legislativa n.º 33//95, desfez as dúvidas existentes, integrando expressamente (art.º 391.º, do C.P.C.) o desrespeito da decisão cautelar no tipo legal de crime de desobediência qualificada (art.º 348.º, n.º 2, do C.P.).

Defende-se que este preceito incriminador deve ser interpretado restritivamente de modo a excluir, entre outros casos, os que envolvem o incumprimento da providência cautelar de arbitramento de reparação provisória, apesar do disposto no art.º 392.º, n.º 1, do C.P.C.[208].

Por um lado, sustenta-se que, não existindo sanção penal para quem não cumpre a sentença proferida em acção declarativa que atribui uma indemnização, cuja satisfação pode ser necessária à sobrevivência do lesado, também não há razão para punir criminalmente quem incumpre a mera decisão provisória que antecipa aquela condenação definitiva. Apesar de não se poder afirmar que só a decisão cautelar encerra uma ordem que pode ser desrespeitada[209], uma vez que ambas condenam alguém a pagar a outrém uma indemnização, a diferente função exercida por uma e outra decisão permite que só o incumprimento da providência cautelar decretada seja incriminado. Relembramos que as providências cautelares destinam-se a remover uma situação de perigo iminente e concreto que ameaça o direito cuja tutela foi ou irá ser solicitada às instâncias do poder judicial em matéria cível, resultante da duração do processo destinado a realizar essa tutela[210]. É a eficácia da decisão definitiva que se procura assegurar. O bem jurídico

---

[207] Sobre os aspectos desta discussão que se verificou sobretudo na jurisprudência, leia-se ABRANTES GERALDES, em *"Temas da reforma do processo civil..."*, vol. III, pág. 326, nota 544, e L. P. MOITINHO DE ALMEIDA, em *"Providências cautelares não especificadas"*, pág. 67-72.

[208] LEBRE DE FREITAS, MONTALVÃO MACHADO e RUI PINTO, em *"Código de Processo Civil anotado"*, vol. 2.º, pág. 64, e CÉLIA PEREIRA, em *"Arbitramento de reparação provisória"*, pág. 168-169.

[209] Profere esta afirmação CRISTINA LÍBANO MONTEIRO, em *"Comentário conimbricence do Código Penal"*, vol. III, pág. 355.

[210] Cfr., *supra*, pág. 15.

constituído pela autonomia intencional do Estado justifica a intervenção do direito penal na sua defesa, caso sejam colocados entraves sérios às funções essenciais a uma vida comunitária organizada. Se alguém pelo seu comportamento activo ou omissivo obsta a que aparelho judicial remova, com carácter de urgência, um obstáculo à sua actuação eficaz, justifica-se a opção por uma intervenção do direito penal intimidatória e sancionatória desse comportamento destabilizador da função judicial do Estado. É este particular interesse, cuja violação ocorre apenas com o desrespeito das providências cautelares antecipatórias ou conservatórias, e não com o incumprimento das sentenças definitivas proferidas nas acções declarativas, que o legislador legitimamente entendeu proteger com a intervenção do direito penal, pelo que tem plena justificação que a criminalização dos incumprimentos das decisões judiciais civis se limite a todo o tipo de decisões cautelares.

Por outro lado, procura afastar-se a possibilidade de incriminação de condutas que se traduzam em simples incumprimento de obrigações pecuniárias, com ressalva das hipóteses de previsão específica, como sucede com o incumprimento da prestação de alimentos (art.º 250.º, do C.P.)[211], talvez devido à inconstitucionalidade da figura denominada de "prisão por dívidas"[212]. Ora, a responsabilização penal pelo incumprimento das providências cautelares que se traduzam no cumprimento de obrigações pecuniárias, como sucede no arbitramento de reparação provisória, não ocorre por não se pagar uma dívida, mas sim por se ter desobedecido a uma ordem judicial, destinada a garantir a eficácia duma posterior decisão definitiva[213]. O conteúdo da ordem é irrelevante; o que determina a criminalização do comportamento desrespeitador é a importância da função que desempenha a ordem a que se desobedeceu – uma função cautelar.

---

[211] LEBRE DE FREITAS, MONTALVÃO MACHADO e RUI PINTO, em *"Código de Processo Civil anotado"*, vol. 2.º, pág. 64.

[212] Sobre esta figura e a sua constitucionalidade, ver CALVÃO DA SILVA, em *"Cumprimento e sanção pecuniária compulsória"*, pág. 385-391.

[213] CRISTINA LÍBANO MONTEIRO, em *"Comentário conimbricence do Código Penal"*, vol. III, pág. 356.

Por estas razões, não se apoia qualquer interpretação restritiva do disposto no art.º 391.º, do C.P.C., devendo este aplicar-se ao não cumprimento de qualquer providência cautelar, nos termos do art.º 392.º, n.º 1, do C.P.C., incluindo as que exigem um comportamento do demandado, nomeadamente a antecipação do cumprimento de uma prestação pecuniária, como sucede nos alimentos provisórios e no arbitramento de reparação provisória[214].

Isto não significa que qualquer incumprimento no pagamento da renda arbitrada integre o tipo legal de crime da desobediência qualificada, previsto no art.º 348.º, n.º 2, do C.P.. Como em qualquer caso de desobediência, rege o princípio *de impossibilia nemo tenetur*[215]. Nunca será punido quem não pagar a renda arbitrada por não poder fazê-lo. Se o demandado não tem possibilidades económicas para pagar a indemnização em forma de renda, cessa obviamente o dever de obediência à providência decretada, para efeitos penais.

Igualmente só vincula penalmente o demandado a providência cautelar que lhe foi comunicada pessoalmente, no sentido de que se mostra assegurado que ele próprio se inteirou do seu conteúdo, não sendo suficiente a notificação da decisão cautelar na pessoa do seu mandatário ou uma notificação legalmente presumida[216]. Não é contudo necessário que essa comunicação contenha a informação

---

[214] ABRANTES GERALDES, em *"Temas da reforma do processo civil..."*, vol. III, pág. 302, inferindo-se também esta opinião do discurso de LOPES DO REGO, em *"Comentários ao Código de Processo Civil"*, 1.º vol., pág. 361, e de CRISTINA LÍBANO MONTEIRO, em *"Comentário conimbricence do Código Penal"*, vol. III, pág. 355-356.

[215] CRISTINA LÍBANO MONTEIRO, em *"Comentário conimbricence do Código Penal"*, vol. III, pág. 356-357.

[216] ABRANTES GERALDES, em *"Temas da reforma do processo civil..."*, vol. III, pág. 326-327, LOPES DO REGO, em *"Comentários ao Código de Processo Civil"*, 1.º vol., pág. 361, CRISTINA LÍBANO MONTEIRO, em *"Comentário conimbricence do Código Penal"*, vol. III, pág. 356-357, e os seguintes Acórdãos:
- da Relação do Porto, de 21-12-1988, na C.J., Ano XIII, tomo 5, pág. 235, relatado por LUÍS VALE.
- da Relação de Coimbra, de 6-3-1991, na C.J., Ano XVI, tomo 2, pág. 107, relatado por HUGO LOPES.

que o não acatamento da providência fará incorrer o notificado no crime de desobediência[217].

A responsabilização criminal do demandado pelo incumprimento da providência cautelar é cumulável com a execução judicial da providência e do accionamento duma sanção pecuniária compulsória.

4.2. A sanção pecuniária compulsória

Outra medida coerciva do cumprimento das providências cautelares é a da sanção pecuniária compulsória, que foi introduzida no nosso sistema jurídico pelo D.L. n.º 262/83, de 16 de Junho, através da sua previsão no art.º 829.º-A, do C.C.. O Decreto-Lei 329-A/95 veio permitir a sua utilização como instrumento jurídico que visa pressionar o demandado a cumprir a providência decretada (art.º 384.º, n.º 2, do C.P.C.). Esta figura, tal como foi consagrada no C.C., assume duas modalidades distintas, tendo cada uma delas um campo de aplicação delimitado. A sanção pecuniária compulsória judicial destinada a coagir o devedor de prestação de facto infungível negativo ou positivo, que não esteja ligado a especiais qualidades científicas ou artísticas do obrigado, a cumpri-la (art.º 829.º, n.º 1, do C.C.); e a sanção pecuniária compulsória legal destinada a coagir o devedor de qualquer obrigação de pagamento em dinheiro a cumpri-la (art.º 829.º, n.º 4, do C.C.), cuja natureza, localização sistemática, âmbito de aplicação e oportunidade tem sido objecto de discussão pela doutrina[218]. Apesar de se poderem verificar alguns erros de construção e inserção sistemática desta figura, não deve essa circunstância determinar uma interpretação

---

[217] CRISTINA LÍBANO MONTEIRO, em *"Comentário conimbricence do Código Penal"*, vol. III, pág. 358.

[218] Ver CALVÃO DA SILVA, em *"Cumprimento e sanção pecuniária compulsória"*, pág. 452-458, e em *"Sanção pecuniária compulsória"*, no B.M.J. n.º 359, pág. 97-102, PIRES DE LIMA e ANTUNES VARELA, em *"Código Civil anotado"*, vol. II, pág.105, ANTUNES VARELA, em anotação ao Acórdão do S.T.J. de 5-11-1983, na R.L.J., Ano 121, pág. 219, CORREIA DAS NEVES, em *"Manual dos juros"*, pág. 90--91, e PINTO MONTEIRO, em *"Cláusula penal e indemnização"*, pág. 126-133.

restritiva da sanção prevista no n.º 4, do art.º 329.º-A, do C.C., para o incumprimento das sentenças condenatórias no pagamento de uma determinada quantia, transitadas em julgado[219]

O art.º 384.º, n.º 2, do C.P.C., ao declarar que é *"sempre admissível a fixação, nos termos da lei civil, da sanção pecuniária compulsória que se mostre adequada a assegurar a efectividade da providência decretada"*, não só abrangeu as duas modalidades de sanção pecuniária acima mencionadas, como ampliou o seu campo de aplicação. Em qualquer providência, independentemente do seu conteúdo, é admissível o estabelecimento duma sanção pecuniária compulsória do seu cumprimento, devendo essa sanção estar sujeita às regras do art.º 829.º-A, do C.C.. A possibilidade de aplicação desta figura coactiva nas providências cautelares não está limitada, como sucede com as sentenças proferidas nas acções declarativas, às condenações em prestação de facto infungível e pecuniárias, abrangendo qualquer tipo de medida cautelar[220]. Como se referiu no preâmbulo do D.L. 392-A/95 estabeleceu-se *"...em termos amplos a possibilidade de recurso à figura da sanção pecuniária compulsória..."*(sublinhado nosso). Atenta a imperiosa necessidade de garantir o rápido cumprimento das decisões cautelares, o legislador não sentiu as inibições que, relativamente ao cumprimento das obrigações em geral, o conduziram a restringir o âmbito do estabelecimento das sanções pecuniárias compulsórias[221]. Nas provi-

---

[219] PIRES DE LIMA e ANTUNES VARELA, em *"Código Civil anotado"*, vol. II, pág. 105, defendem que essa sanção só é aplicável às cláusulas penais fixadas em dinheiro e às sanções penais compulsórias decretadas pelo tribunal, nos termos do n.º 1, do mesmo artigo.

[220] Em sentido contrário, opinam ABRANTES GERALDES, em *"Temas da reforma do processo civil..."*, vol. III, pág. 172-178, LOPES DO REGO, em *"Comentários ao Código de Processo Civil"*, 1.º vol., pág. 351, e LEBRE DE FREITAS, MONTALVÃO MACHADO e RUI PINTO, em *"Código de Processo Civil anotado"*, vol. II, pág. 22, e CÉLIA PEREIRA, em *"Arbitramento de reparação provisória"*, pág. 167-168.

[221] Aliás esta ampliação ilimitada do campo de aplicação das sanções pecuniárias compulsórias, como sucede no direito francês, já era defendida em termos gerais por CALVÃO DA SILVA, em *"Cumprimento e sanção pecuniária compulsória"*, pág. 452-453, e em *"Sanção pecuniária compulsória"*, no B.M.J. n.º 359, pág. 98, e por PINTO MONTEIRO, em *"Cláusula penal e indemnização"*, pág. 124.

dências cautelares que se traduzam na obrigação de pagamento duma quantia em dinheiro, é possível aplicar-se a sanção legal prevista no n.º 4, do art.º 829.º-A, do C.C., e, nas restantes, a prevista no n.º 1, do mesmo artigo, estando ambas sujeitas às regras estabelecidas nos n.º 2 e 3, ainda do mesmo artigo. A referência a que a fixação da sanção se deveria efectuar nos termos da lei civil não visou estabelecer as fronteiras de aplicação desta figura compulsória nas providências cautelares, mas apenas remeter para as normas do C.C., que regem a definição do seu conteúdo.

No arbitramento de reparação provisória, a sanção pecuniária compulsória traduz-se na possibilidade do lesado exigir juros à taxa de 5% ao ano, desde a data em que a providência transitar em julgado, sobre o valor das rendas em dívida (art.º 829.º-A, n.º 4, do C.C.). Estes juros sancionatórios, legalmente estabelecidos, acrescem aos juros moratórios.

O estabelecimento dessa sanção deve ser efectuado a requerimento do lesado, não significando o advérbio *"sempre"* do n.º 2, do art.º 384.º, do C.P.C., a obrigatoriedade do juiz, oficiosamente, impor a sanção pecuniária em todas as providências cautelares que decrete[222]. Esta medida compulsória procura satisfazer um duplo interesse. O do lesado, no cumprimento duma providência que visa satisfazer uma necessidade sua, e o do Estado, no acatamento das decisões judiciais. Considerando esta partilha de interesses, não se justifica que a aplicação da sanção prescinda da manifestação da vontade daquele nesse sentido. Apesar das brechas que as regras que regem os procedimentos cautelares abrem no princípio do dispositivo, mesmo no seu núcleo considerado irredutível[223], deve vigorar, nesta matéria, o ditame de que o tribunal não pode condenar naquilo que não foi pedido. O termo *"sempre"* apenas pretendeu realçar a ideia acima defendida que a fixação de sanções pecuniárias compulsórias é admissível em qualquer providência cautelar, independentemente do seu conteúdo. E quando o n.º 4, do

---

[222] ABRANTES GERALDES, em *"Temas da reforma do processo civil..."*, vol. III, pág. 172-178, e LEBRE DE FREITAS, MONTALVÃO MACHADO e RUI PINTO, em *"Código de Processo Civil anotado"*, vol. 2.º, pág. 22.
[223] Cfr., *supra*, pág. 40-41.

art.º 829.º-A, do C.C., refere que a sanção compulsória do cumprimento de obrigações pecuniárias é de aplicação automática, isso apenas significa que a definição do seu conteúdo não necessita de qualquer actividade judicial, nomeadamente do *dictamen judicis*, uma vez que o mesmo já se encontra pré-determinado na lei[224].

Coloca-se agora a questão de saber qual o momento processual em que o lesado deve formular o pedido de aplicação da sanção pecuniária compulsória legal, estabelecida no art.º 829.º-A, n.º 4, do C.C..

Não necessitando a fixação do montante desta sanção de qualquer actividade judicial, uma vez que o mesmo é de aplicação automática, não se justifica que o respectivo requerimento e condenação ocorram na fase declarativa, como sucede com as sanções compulsórias previstas no n.º 1, do art.º 829.º-A, do C.C.[225]. Enquanto estas são casuisticamente ajustadas, constituindo ameaças personalizadas ao devedor que devem ser previamente discutidas, fixadas e comunicadas, a sanção pecuniária compulsória legal, estabelecida no art.º 829.º-A, n.º 4, do C.C., é uma ameaça geral e abstracta, pré-definida na lei, insusceptível de discussão e sem necessidade de comunicação pessoal. A formulação do pedido de aplicação desta sanção deve ser efectuada no requerimento executivo respeitante à obrigação pecuniária judicialmente declarada cujo cumprimento se pretende, não sendo necessária que a sentença proferida na acção declarativa comine o devedor com essa sanção compulsória[226]. Na hipótese de se executar uma sentença

---

[224] ANTUNES VARELA, em anotação ao Acórdão do S.T.J. de 5-11-1983, na R.L.J., Ano 121, pág. 219, refere, relativamente à utilização pelo legislador da expressão *"automaticamente"* que este usou *"...uma terminologia que deve mais à física, em geral, e à mecânica, em especial, do que à escorreita linguagem do bom jurista"*.

[225] Relativamente à fixação de sanção pecuniária compulsória relativa ao cumprimento de providência cautelar que se traduza numa obrigação de prestação de facto, leia-se o Acórdão da Relação de Coimbra de 12-6-2001, na C.J., Ano XXVI, tomo 3, pág. 25, relatado por SERRA BAPTISTA.

[226] CORREIA DAS NEVES, em *"Manual dos juros"*, pág. 91, ABRANTES GERALDES, em *"Exequibilidade da sentença condenatória quanto aos juros de*

ainda não transitada em julgado (art.º 47.º, do C.P.C.), o pedido de condenação em sanção pecuniária compulsória deve ser efectuado no processo executivo, após ter ocorrido o trânsito em julgado da decisão exequenda, uma vez que a execução pode modificar-se em conformidade com a decisão definitiva (art.º 47.º, n.º 2, do C.P.C.).

Deste modo, a aplicação de sanção pecuniária compulsória, com fundamento no incumprimento de providência cautelar de arbitramento de reparação provisória, não deve ser declarada na decisão que decretou a providência, devendo apenas ser pedida no respectivo processo executivo, para aí ser atendida.

As quantias resultantes da aplicação da sanção pecuniária compulsória destinam-se, em partes iguais, ao Estado e ao lesado, uma vez que o disposto no n.º 3, do art.º 829.º-A, do C.C., é também aplicável à modalidade prevista no n.º 4 deste dispositivo[227].

---

mora", na C.J. (Ac. do S.T.J.), Ano IX, tomo 1, pág. 56-57 e os seguintes Acórdãos:
- da Relação de Lisboa, de 2-7-1987, na C.J., Ano XII, tomo 4, pág. 125, relatado por RICARDO DA VELHA.
- da Relação do Porto, de 9-5-1991, na C.J., Ano XVI, tomo 3, pág. 228, relatado por ARAGÃO SEIA.
- da Relação de Lisboa, de 16-5-1995, na C.J., Ano XX, tomo 3, pág. 105, relatado por PEREIRA DA SILVA.
- da Relação de Évora, de 5-3-1996, na C.J., Ano XXI, tomo 2, pág. 276, relatado por RIBEIRO LUÍS.
- da Relação de Évora, de 24-4-1997, na C.J., Ano XXII, tomo 2, pág. 269, relatado por PITA VASCONCELOS.
- do S.T.J., de 5-6-1997, no B.M.J. n.º 468, pág. 315, relatado por ALMEIDA E SILVA.
- da Relação do Porto, de 21-2-2000, na C.J., Ano XXV, tomo 2, pág. 177, relatado por EURICO DE SEABRA.
- da Relação de Lisboa, de 12-7-2001, na C.J., Ano XXVI, tomo 4, pág. 85, relatado por ANDRÉ DOS SANTOS.
- da Relação do Porto, de 17-6-2004, no site www.dgsi.pt, relatado por BAPTISTA OLIVEIRA.
- da Relação do Porto, de 5-7-2006, no site www.dgsi.pt, relatado por HENRIQUE ARAÚJO.

[227] CALVÃO DA SILVA, em *"Cumprimento e sanção pecuniária compulsória"*, pág. 458, ABRANTES GERALDES, em *"Exequibilidade da sentença condenatória*

Só esta repartição de receitas reflectirá o referido duplo interesse do lesado e do Estado no estabelecimento da sanção pecuniária compulsória legal.

4.3. A execução judicial

Apesar da existência dos meios intimidatórios penais e civis acima referidos, o obrigado à reparação provisória pode não acatar voluntariamente a providência cautelar decretada, faltando ao pagamento da renda fixada. Neste caso, o lesado pode utilizar o processo executivo para obter a realização coactiva da providência, sendo a respectiva decisão *"...imediatamente exequível, seguindo--se os termos da execução especial por alimentos"* (art.º 404.º, n.º 2, do C.P.C.). A decisão cautelar goza da garantia da executoriedade, tendo o legislador permitido a utilização do processo de execução especial por alimentos para o lesado obter a concretização da providência. Visando este processo especial a execução de decisões que atribuem alimentos a pessoas em situação de carência, justifica-se a sua aplicação à execução da providência cautelar de arbitramento de reparação provisória, tal como sucede com os alimentos provisórios.

Esta execução procura assegurar não só o pagamento das rendas vencidas e não pagas, mas também o das rendas vincendas.

O processo deve seguir as regras do processo executivo para pagamento de quantia certa, com as especialidades previstas nos art.º 1118.º e seguintes do C.P.C..

---

quanto aos juros de mora", na C.J. (Ac. do S.T.J.), Ano IX, tomo 1, pág. 56--57, e os seguintes Acórdãos:
- da Relação do Porto, de 16-5-1991, na C.J., Ano XVI, tomo 3, pág. 228, relatado por ARAGÃO SEIA.
- do S.T.J., de 9-1-1996, na C.J. (Ac. do S.T.J.), Ano IV, tomo 1, pág. 40, relatado por CÉSAR MARQUES.
- da Relação de Évora, de 24-4-1997, na C.J., Ano XXII, tomo 2, pág. 269, relatado por PITA VASCONCELOS.

Em sentido contrário, PINTO MONTEIRO, em *"Cláusula penal e indemnização"*, pág. 129-130.

A principal especialidade é a possibilidade do exequente poder requerer a adjudicação de parte das quantias, vencimentos ou pensões que o executado se encontre a receber, ou a consignação de rendimentos a ele pertencentes, para pagamento das rendas vencidas e vincendas, fazendo-se a adjudicação ou consignação, independentemente de penhora e da consequente convocação de credores (art.º 1118.º, n.º 1, do C.P.C.). Se o exequente requerer a adjudicação destas quantias, deve ser ordenada a notificação da entidade encarregada de as pagar para entregar directamente ao exequente a parte adjudicada (art.º 1118.º, n.º 2, do C.P.C.), estando esta adjudicação sujeita aos limites do art.º 824.º, do C.P.C. A consignação de rendimentos é efectuada nos termos da lei processual, estando os casos de insuficiência ou excesso de rendimentos consignados regulados no art.º 1119.º, do C.P.C.. Através destes meios excepcionais de canalização coerciva de rendimentos do executado para o património do exequente, procura-se obter uma satisfação célere e eficaz do crédito deste.

Estes meios excepcionais podem ser cumulados com a normal penhora de bens do executado, com a especialidade de, após a venda judicial desses bens, as sobras não deverem ser restituídas ao executado, sem que se mostre assegurado o pagamento das prestações vincendas até ao montante em que o juiz, em termos de equidade, considerar adequado, salvo se for prestada caução ou outra garantia idónea (art.º 1121.º-A, do C.P.C.).

O processo executivo pode ser utilizado independentemente do trânsito em julgado da decisão que decretou o arbitramento de reparação provisória, uma vez que o recurso de agravo interposto dessa decisão tem efeito meramente devolutivo, dado que o seu regime de subida é em separado (art.º 47.º, n.º 1, 738.º, n.º 1, b), e 740.º, do C.P.C.). Apesar do art.º 740.º, n.º 1, d) e n.º 3, do C.P.C., admitir que o juiz possa atribuir efeito suspensivo aos agravos com regime de subida em separado, desde que o agravante o requeira e se reconheça que a execução imediata do despacho é susceptível de causar ao agravante prejuízo irreparável ou de difícil reparação, é nossa opinião que essa possibilidade não é aplicável aos recursos das decisões que decretem uma providência cautelar de arbitramento de reparação provisória[228]. O prejuízo para o obrigado à reparação já foi necessariamente ponderado quando se arbitrou essa indemnização cautelar[229], não se compadecendo o carácter urgente desta providência com as exigências de certeza das decisões judicias. Além disso, o próprio art.º 404.º, n.º 2, do C.P.C., é claro ao impor que a decisão que decreta o arbitramento de reparação provisória é imediatamente exequível.

Como regra geral para as execuções que se iniciem na pendência de recurso, estabelece-se a impossibilidade do exequente ser pago sem prestar caução (art.º 47.º, n.º 3, do C.P.C.) e a possibilidade do executado obter a suspensão da execução, prestando ele caução (art.º 47.º, n.º 4, do C.P.C.). Atentas as finalidades perseguidas pela providência cautelar de arbitramento de reparação provisória, reflectidas na possibilidade da sua imediata exequibilidade, tais regras não têm aqui aplicação[230], uma vez que quer a exigência de prestação de caução pelo requerente, quer a possibilidade de suspensão da execução, mediante a prestação de caução, impediriam que se alcançasse a finalidade visada com o decretamento da providência – pôr termo à situação de necessidade premente do lesado.

Se, por efeito do recurso interposto, vier a ser revogada ou alterada a decisão que decretou a providência cautelar de arbitramento de reparação provisória, a execução extinguir-se-à ou modificar-se-à em conformidade com a decisão definitiva (art.º 47.º, n.º 2, do C.P.C.). Relativamente às quantias que entretanto foram pagas coercivamente ao requerente da providência e que não se mostrem devidas face ao teor da decisão definitiva do procedimento cautelar, tem o demandado direito ao seu reembolso, segundo as regras do enriquecimento sem causa[231], uma vez que foram efectuadas

---

[228] ABRANTES GERALDES, em *"Temas da reforma do processo civil..."*, vol. IV, pág. 166.
[229] Cfr., *supra*, pág. 95-96.
[230] Relativamente à inaplicabilidade do art.º 47.º, n.º 3, do C.P.C., podem ler-se ABRANTES GERALDES, em *"Temas da reforma do processo civil..."*, vol. IV, pág. 126, e o Acórdão da Relação de Coimbra de 9-2-1988, na C.J., Ano XIII, tomo 1, pág. 78, relatado por CHICHORRO RODRIGUES.
[231] Cfr., *infra*, pág. 121-123.

prestações que se vieram a verificar não serem devidas (art.º 473.º e 476.º, n.º 1, do C.C.). Esta restituição já não ocorrerá por força do regime do enriquecimento sem causa, o qual tem um papel meramente subsidiário (art.º 474.º, do C.C.), caso se verifique que a injustificação da providência decretada resultou de um comportamento doloso ou negligente do requerente[232]. Nesta hipótese, o requerente será civilmente responsável pelos prejuízos causados ao requerido, incluindo as quantias indevidamente desembolsadas, nos termos do art.º 390.º, n.º 1, do C.P.C., não se justificando a aplicação analógica do regime atenuado de responsabilidade civil previsto para o requerente de alimentos provisórios no art.º 402.º, do C.C.[233].

Estas consequências, nomeadamente a obrigação de restituição das quantias recebidas pelo requerente, também se verificarão se os pagamentos das rendas determinadas pela decisão da primeira instância, revogada em sede de recurso, ocorreram voluntariamente.

5. A alteração da providência

Além da alteração do conteúdo da providência cautelar de arbitramento de reparação provisória efectuada por tribunal superior, resultante da procedência de recurso ou das rectificações e reformas da respectiva decisão, com fundamento em lapsos, justifica-se que o próprio tribunal que a decretou a possa modificar por motivos supervenientes.

Como esta providência cautelar visa acudir a uma situação de necessidade económica, enquanto vigorar, justifica-se a sua adaptação à evolução da realidade. Se o estado de necessidade do lesado se agrava, deve o montante da renda aumentar, se as demais cir-

---

[232] Apesar de não ser uma situação comum, a injustificação da providência, susceptível de conduzir à responsabilização do requerente, pode resultar da procedência da sua impugnação através de recurso de agravo, como referem ABRANTES GERALDES, em *"Temas da reforma do processo civil..."*, vol. III, pág. 321, e LEBRE DE FREITAS, MONTALVÃO MACHADO e RUI PINTO, em *"Código de Processo Civil anotado"*, vol. 2.º, pág. 59.

[233] Cfr., *infra*, pág. 121-123.

cunstâncias a ponderar o permitirem, assim como o seu desagravamento deve determinar a diminuição do montante da renda arbitrada.

Apesar de, nos art.º 403.º a 405.º, do C.P.C., não se encontrar especificamente prevista esta possibilidade, deve aplicar-se o disposto no art.º 401.º, n.º 2, do C.P.C., para os alimentos provisórios – *"se houver fundamento para alterar... a prestação fixada, será o pedido deduzido no mesmo processo..."*. Esta norma não define o conteúdo ou os limites da providência cautelar, mas sim a possibilidade e o meio de destabilização da decisão que a decretou. Assim, ao contrário do que sucede com o n.º 1, do mesmo artigo[234], inclui-se no conjunto de regras que regem o processamento da providência de alimentos provisórios, sendo portanto abrangida pela remissão do art.º 404.º, n.º 1, do C.P.C., o que determina a sua aplicação ao processamento da providência cautelar de arbitramento de reparação provisória[235].

O fundamento para a alteração do valor da renda inicialmente arbitrada pelo mesmo tribunal que a fixou apenas pode ser a evolução posterior do circunstancionalismo fáctico que sustentou essa decisão. Somente se permite a actualização da providência perante a evolução da realidade que a motivou. As alterações que se verifiquem no conhecimento dos factos já existentes à data em que foi proferida a primeira decisão não podem provocar a modificação da providência cautelar[236]. Só os factos supervenientes, e não os factos

---

[234] Cfr., *supra*, pág. 98-99.

[235] ABRANTES GERALDES, em *"Temas da reforma de processo civil..."*, vol. IV, pág. 166, CÉLIA PEREIRA, em *"Arbitramento de reparação provisória"*, pág. 169--171, e LEBRE DE FREITAS, MONTALVÃO MACHADO e RUI PINTO, em *"Código de Processo Civil anotado"*, vol. 2.º, pág. 114, defendendo estes últimos autores a aplicação analógica do art.º 401.º, n.º 2, do C.P.C., por entenderem que a remissão do art.º 404.º, n.º 1, do mesmo diploma não abrange aquela norma.

[236] Em sentido contrário, ABRANTES GERALDES, em *"Temas da reforma de processo civil..."*, vol. IV, pág. 167, e CÉLIA PEREIRA, em *"Arbitramento de reparação provisória"*, pág. 172, defendem que também se podem registar modificações da decisão cautelar quando, no processo principal, se verificam alterações dos pressupostos em que se fundamentou a decisão recorrida, nomeadamente a redução acentuada da probabilidade de reconhecimento do direito cuja antecipação se logrou alcançar através da medida cautelar.

anteriores à decisão, podem permitir a sua alteração. Diferente entendimento abalaria gravemente a certeza e a estabilidade das decisões judiciais, permitindo uma permanente e interminável renovação da discussão sobre o mérito do pleito. Uma busca incessante duma decisão justa, em constante aperfeiçoamento, provocaria uma insuportável insegurança, causada por um processo sempre aberto a desdizer hoje o que disse ontem, para ser desmentido amanhã.

Destinando-se a providência cautelar de arbitramento de reparação provisória a socorrer uma situação de necessidade económica, a evolução da realidade relevante deverá necessariamente repercutir-se no estado de necessidade do lesado ou na capacidade económica do requerido para pagar a indemnização provisória.

Assim, entre os pressupostos fácticos que fundamentam o arbitramento duma reparação provisória, susceptíveis de registar uma evolução justificativa duma alteração do conteúdo da decisão cautelar, encontram-se, naturalmente, a própria situação de necessidade do lesado, as condições económicas do requerido[237], ou uma significativa desvalorização da moeda. Também os danos sofridos podem registar uma evolução posterior à decisão influidora no estado de necessidade do lesado. Já o facto lesivo só poderá registar desenvolvimentos posteriores, caso se verifiquem novas violações do mesmo direito, mais uma vez perpetradas pelo obrigado à reparação, agravadoras da situação de necessidade do lesado.

A iniciativa da alteração cabe à parte interessada na mesma, não podendo ser efectuada oficiosamente.

Se não tiver sido deduzido processo executivo da decisão que decretou a providência, o pedido de alteração do montante da renda indemnizatória deve ser deduzido no próprio processo cautelar, observando-se novamente os mesmos trâmites deste processo, previstos no art.º 400.º, do C.P.C. (art.º 401.º, n.º 2, aplicável por remissão do art.º 404.º, n.º 1, do C.P.C.).

---

[237] Realça-se, mais uma vez, que essa modificação relevante deve ocorrer no próprio circunstancialismo fáctico (v.g. obtenção de um novo rendimento pelo lesado, ou necessidade de novas despesas, despedimento do obrigado à reparação) e não no conhecimento da realidade já anteriormente existente (v.g. descoberta de uma fonte de rendimento do lesado que foi ignorada na decisão cautelar).

Caso já tivesse sido instaurado processo executivo da reparação provisória decretada, o pedido de alteração do montante da renda deve ser deduzido por apenso à execução, mas observando-se também os mesmos trâmites do processo previsto para a providência cautelar, constantes do art.º 400.º, do C.P.C. (art.º 1121.º, n.º 1 e 2, aplicável por remissão do art.º 404.º, n.º 2, do C.P.C.).

O novo montante da renda, resultante da alteração operada pela nova decisão, deve considerar-se em vigor a partir do primeiro dia do mês subsequente àquele em que foi deduzido o pedido de alteração, aplicando-se, coerentemente, o critério definido no n.º 1, do art.º 401.º, do C.P.C.[238], o qual, como já dissemos, é aplicável, por analogia, à providência cautelar de arbitramento de reparação provisória [239].

6. A cessação da providência

A providência de arbitramento de reparação provisória extingue-se por caducidade pelas razões previstas para todas as providências cautelares nas alíneas, do n.º 1, do art.º 389.º, do C.P.C.:

"*a) se o requerente não propuser a acção da qual a providência depende dentro de 30 dias, contados da data em que lhe tiver sido notificada a decisão que a tenha ordenado...;*
b) se, proposta a acção, o processo estiver parado mais de 30 dias, por negligência do requerente;
c) se a acção vier a ser julgada improcedente, por decisão transitada em julgado;
d) se o réu for absolvido da instância e o requerente não propuser nova acção em tempo de aproveitar os efeitos da proposição da anterior;
e) se o direito que o requerente pretende acautelar se tiver extinguido".

---

[238] LEBRE DE FREITAS, MONTALVÃO MACHADO e RUI PINTO, em "*Código de Processo Civil anotado*", vol. 2.º, pág. 106.
[239] Cfr., *supra*, pág. 98-99.

O prazo de 30 dias, referido na alínea a), para a propositura da acção principal é um prazo de caducidade processual[240], que se suspende nas férias judiciais e está sujeito às regras previstas nos números do art.º 144.º, 145.º e 146.º, do C.P.C.[241].

Conforme resulta da alínea c) acima transcrita, a sentença não transitada em julgado que julgue improcedente a acção da qual a providência cautelar é dependente não é suficiente para determinar a caducidade da providência, exigindo-se o trânsito em julgado da mesma. Se esta solução se compreende relativamente às providências conservatórias, já quanto às antecipatórias, como o arbitramento de reparação provisória, essa improcedência, ao pôr em causa o juízo de aparência sobre a existência do direito acautelado, era bem capaz de ser suficiente para, *de iure condendo,* determinar a caducidade da providência.

A previsão da alínea e) contempla o pagamento da indemnização definitiva como causa de caducidade da providência cautelar. O pagamento da obrigação de indemnização definitivamente fixada na acção principal provoca a extinção do respectivo direito que o arbitramento de reparação provisória visava acautelar e, consequentemente, a caducidade desta providência. Note-se que o sim-

---

[240] *Vide*, neste sentido, RITA LYNCE DE FARIA, em *"A função instrumental da tutela cautelar não especificada"*, pág. 91, e os seguintes Acórdãos:

≤ da Relação do Porto, de 13-4-1999, na C.J., Ano XXIV, tomo 3, pág. 203, relatado por CUSTÓDIO MONTES.

≤ do S.T.J., de 19-10-1999, no B.M.J., n.º 490, pág. 227, relatado por TOMÉ DE CARVALHO.

≤ da Relação do Porto, de 14-12-2000, na C.J., Ano XXV, tomo 5, pág. 215, relatado por SOUSA LEITE.

[241] *Vide,* neste sentido, ABRANTES GERALDES, em *Temas da reforma de processo civil...,* vol. III, pág. 305-308, RITA LYNCE DE FARIA, em *"A função instrumental da tutela cautelar não especificada",* pág. 114-115, e os seguintes Acórdãos:

≤ da Relação do Porto, de 13-4-1999, na C.J., Ano XXIV, tomo 3, pág. 203, relatado por CUSTÓDIO MONTES.

≤ do S.T.J., de 19-10-1999, no B.M.J., n.º 490, pág. 227, relatado por TOMÉ DE CARVALHO.

≤ da Relação de Coimbra, de 19-10-1999, na C.J., Ano XXIV, tomo 4, pág. 36, relatado por FERNANDO RIBEIRO.

≤ da Relação do Porto, de 14-12-2000, na C.J., Ano XXV, tomo 5, pág. 215, relatado por SOUSA LEITE.

ples trânsito em julgado da sentença condenatória proferida na acção principal, em princípio, não é suficiente para extinguir a providência cautelar, o que só ocorrerá com o cumprimento voluntário ou coercivo dessa decisão. Se o simples trânsito em julgado da decisão definitiva condenatória determinasse a extinção da providência cautelar, o estado de necessidade do lesado ficava sem remédio no tempo que mediasse entre esse trânsito e o cumprimento voluntário ou coercivo da sentença. Somente, na hipótese da indemnização definitiva já se encontrar completamente satisfeita com os pagamentos das rendas provisórias, quando transitar em julgado a sentença condenatória, é que, não sendo necessário ulterior pagamento, a caducidade da providência coincidirá com o trânsito em julgado da sentença proferida na acção principal.

Nestes casos, a cessação da providência pode ser requerida ou oficiosamente decretada no respectivo processo cautelar, com prévia audiência do requerente, logo que se mostre documentado nos autos o facto extintivo (art.º 389.º, n.º 4, do C.P.C.), declarando-se também extinta a respectiva execução, caso a mesma tenha entretanto sido instaurada (art.º 1120.º, aplicável por remissão do art.º 404.º, n.º 2, ambos do C.P.C.).

Mas, para além dos casos de caducidade das providências cautelares em geral, enumerados no art.º 389.º, n.º 1, do C.P.C., o arbitramento de reparação provisória também pode cessar por, supervenientemente, ter deixado de se verificar a situação de necessidade do lesado ou devido ao obrigado à reparação provisória ter deixado de ter possibilidades de pagar qualquer renda indemnizatória. Do mesmo modo que a evolução de qualquer uma destas condicionantes, após ter sido decretada a providência cautelar, pode provocar a alteração do montante da renda fixada, também pode determinar a sua total cessação, por ter desaparecido completamente a situação de necessidade do lesado ou por se ter extinguido totalmente a capacidade económica do obrigado à reparação de pagar qualquer quantitativo indemnizatório[242].

---

[242] ABRANTES GERALDES, em *"Temas da reforma do processo civil..."*, vol. IV, pág. 167-168, e LEBRE DE FREITAS, MONTALVÃO MACHADO e RUI PINTO, em *"Código de Processo Civil anotado"*, vol. 2.º, pág. 114.

Tal como referimos a propósito da possibilidade de alteração da renda arbitrada provisoriamente, apenas a evolução superveniente do circunstancialismo fáctico que determinou a imposição da providência pode justificar a sua cessação, não sendo admissível o refazer de juízos decisórios com base em novos conhecimentos sobre factos ocorridos anteriormente ao decretamento da providência. Se *de iure condendo* é defensável que a improcedência da acção principal, mesmo que não transitada em julgado, possa determinar a caducidade *ope legis* da providência cautelar, já não concordamos que essa improcedência possa permitir que o tribunal que decretou a providência refaça o seu juízo sobre a existência dos pressupostos da mesma, podendo determinar a sua cessação[243]. Esta possibilidade constituiria uma irreparável brecha no princípio da estabilidade das decisões judiciais, que, em nome de uma ideia de justiça, perturbaria gravemente a sua concretização. Se é necessária a actualização de decisões judiciais como as que decretam providências cautelares, essa actualização só deve ocorrer perante uma evolução da realidade e não perante uma perpétua investigação dos factos passados.

O art.º 401.º, n.º 2, aplicável por remissão do art.º 404.º, n.º 1, do C.P.C.[244], prevê a possibilidade do tribunal decretar a cessação da providência cautelar de arbitramento de reparação provisória, por alteração do circunstancialismo fáctico que presidiu à sua imposição, devendo a parte interessada formular o respectivo pedido no próprio processo cautelar, caso ainda não tenha sido instaurada acção executiva, repetindo-se a tramitação prevista no art.º 400.º, do C.P.C. (art.º 401.º, n.º 2, aplicável por remissão do art.º 404.º, n.º 1, do C.P.C.).

---

[243] Defendendo esta possibilidade, ver ABRANTES GERALDES, em *"Temas da reforma do processo civil..."*, vol. IV, pág. 167.

Teixeira de Sousa, em *"Estudos sobre o novo processo civil"*, pág. 233, sustenta que tendo sido proferida sentença de improcedência da acção principal, apesar de não ter transitado em julgado, já não pode ser requerida, na sua dependência, providência cautelar, uma vez que a existência do direito que se pretende proteger já não é aparente.

[244] Cfr., *supra*, pág. 114-115.

Se já tiver sido instaurado processo executivo da reparação provisória decretada, o pedido de cessação da providência deve ser deduzido por apenso à execução[245], mas observando-se também os mesmos trâmites do processo previsto para a providência cautelar, constantes do art.º 400.º, do C.P.C. (art.º 1121.º, n.º 1 e 2, aplicável por remissão do art.º 404.º, n.º 2, do C.P.C.).

Deferido o pedido de cessação da reparação provisória, deve considerar-se que a renda deixou de ser devida a partir do primeiro dia do mês subsequente àquele em que foi deduzido o pedido de cessação, aplicando-se, coerentemente, o critério definido no n.º 1, do art.º 401.º, do C.P.C., o qual, como já dissemos, é aplicável por analogia à providência cautelar de arbitramento de reparação provisória[246].

Tal como é possível proceder a uma actualização permanente do montante da renda fixada ou determinar a cessação da providência, perante a evolução da realidade que presidiu à imposição desta medida, também, após se ter determinado essa cessação, nova alteração da realidade, com o ressurgimento de uma situação de necessidade do lesado ou da capacidade económica do obrigado à reparação, permite a restauração da providência entretanto cessada. A tramitação do processo de ressurreição deve ser o mesmo que se encontra previsto para a alteração ou cessação da providência.

7. A imputação e restituição da indemnização recebida como reparação provisória

O recebimento das rendas pelo lesado com o cumprimento voluntário ou coercivo da providência cautelar de arbitramento de reparação provisória é por conta da indemnização definitiva que lhe vier a ser paga posteriormente (art.º 403.º, n.º 1 e 3 e 405.º, do C.P.C.). Sendo o arbitramento de reparação provisória uma providência antecipatória da decisão que visa acautelar, as indemnizações pagas, sob a forma de renda, têm um cariz precário, sendo meros

---

[245] Este pedido não suspende os termos da execução.
[246] Cfr., *supra*, pág. 98-99.

adiantamentos por conta da indemnização que se vier a apurar ser a devida na acção declarativa da qual a providência é instrumental.

Assim, na hipótese do "quantum" da indemnização definitiva ser superior ao valor global das rendas provisórias entretanto pagas, estas devem ser imputadas naquele montante (art.º 403.º, n.º 3, do C.P.C.), ficando a pessoa condenada na indemnização definitiva obrigada a pagar apenas a diferença entre os dois valores. A fixação da indemnização definitiva não deve ter em consideração os valores entretanto satisfeitos pelo obrigado ao seu pagamento, no cumprimento da providência cautelar de arbitramento de reparação provisória, mas o pagamento desses valores é imputado na dívida da indemnização definitiva. Esta imputação pode ser efectuada, com actualização dos valores pagos de acordo com a desvalorização monetária que, entretanto, se tenha verificado entre esses pagamentos e a data da sentença que fixou a indemnização definitiva, na medida em que esta também tenha actualizado o valor da indemnização à sua data, tomando em consideração a desvalorização monetária ocorrida[247].

Se caducar a providência, incluindo nos casos em que na acção principal não é reconhecido o direito à indemnização invocado pelo requerente, ou o valor da indemnização definitiva é inferior ao montante global das rendas provisórias entretanto pagas, aquele fica obrigado a restituir as quantias indevidamente recebidas, nos termos previstos para o enriquecimento sem causa (art.º 405.º, n.º 1 e 2, do C.P.C.).

Esta obrigação de restituição, segundo as regras do enriquecimento sem causa, não constitui um regime especial que afasta a responsabilidade civil do requerente de providência cautelar caducada por facto imputável a este, num juízo de censura, nos termos do art.º 390.º, n.º 1, do C.P.C.[248]. A aplicação do disposto no art.º

---

[247] LEBRE DE FREITAS, MONTALVÃO MACHADO e RUI PINTO, em *"Código de Processo Civil anotado"*, vol. 2.º, pág. 112-113, e CÉLIA PEREIRA, em *"Arbitramento de reparação provisória"*, pág. 148.

[248] LEBRE DE FREITAS, MONTALVÃO MACHADO e RUI PINTO, em *"Código de Processo Civil anotado"*, vol. 2.º, pág. 115-116, e CÉLIA PEREIRA, em *"Arbitramento de reparação provisória"*, pág. 183-189.

Em sentido contrário, ABRANTES GERALDES, em *"Temas da reforma do processo civil..."*, vol. IV, pág. 170.

405.º, n.º 1, do C.P.C., regista-se exactamente fora das situações de responsabilidade civil previstas naquele n.º 1, do art.º 390.º. Só quando não é possível imputar ao requerente da providência, num juízo de censura, a caducidade desta, é que ele apenas fica obrigado a restituir as quantias indevidamente recebidas, segundo as regras do enriquecimento sem causa. Se, pelo contrário, a caducidade da providência cautelar resultar de comportamento censurável do requerente desta, a título de dolo ou negligência, este incorre em responsabilidade civil, nos termos gerais, não se aplicando o disposto no art.º 405.º, n.º 1, do C.P.C.. A obrigação de restituição das quantias recebidas já não se efectuará nos termos do enriquecimento sem causa, mas segundo o princípio geral do direito de indemnização de que quem estiver obrigado a reparar um dano deve reconstituir a situação que existiria, se não se tivesse verificado o evento que obriga à reparação (art.º 562.º, do C.C.). O desembolso das quantias indevidamente pagas é apenas um dos possíveis danos a reparar, sendo essa reparação efectuada através da restituição do valor das quantias entregues.

Já a restituição das rendas indevidamente recebidas, segundo as regras do enriquecimento sem causa, aplicável aos casos de caducidade em que não se verifica a responsabilidade civil do requerente, deve ser efectuada nos termos do art.º 479.º, do C.C.[249] – obrigação de restituir tudo o que se obteve à custa do empobrecido, sem exceder a medida do locupletamento à data da verificação de um dos factos referidos nas duas alíneas do art.º 480.º, do C.C., restituindo-se em valor o que não for possível restituir em espécie. O facto do requerente, à data da sua citação para a restituição (art.º

---

[249] Sobre o conteúdo da obrigação de restituição pode ler-se VAZ SERRA, em *"Enriquecimento sem causa"*, no B.M.J. n.º 82, pág. 156-255, INOCÊNCIO GALVÃO TELLES, em *"Direito das obrigações"*, pág. 202-203, ANTUNES VARELA, em *"Das obrigações em geral"*, vol. I, pág. 510-527, ALMEIDA COSTA, em *"Direito das obrigações"*, pág. 468-472, RUI ALARCÃO, em *"Direito das obrigações"*, pág. 197-205, LEITE DE CAMPOS, em *"A subsidiariedade da obrigação de restituir o enriquecimento"*, pág. 450-517, MENEZES LEITÃO, em *"Direito das obrigações"*, vol. I, pág. 453-469, e em *"O enriquecimento sem causa no direito civil"*, pág. 897-940, e RIBEIRO FARIA, em *"Direito das obrigações"*, vol. I, pág. 401-408.

480.º, a), do C.C.), ou do seu conhecimento da falta de causa do enriquecimento (art.º 480.º, b), do C.C.), já ter gasto o dinheiro das rendas recebidas, como ocorrerá normalmente, não impedirá o seu dever de restituição dessas quantias[250], uma vez que sendo as rendas provisórias destinadas a satisfazer necessidades básicas, dificilmente a sua aplicação não se terá traduzido num enriquecimento do património do requerente.

Na restituição do montante das rendas indevidamente recebidas deve tomar-se em consideração a desvalorização monetária entretanto ocorrida[251].

Dispõe o art.º 405.º, n.º 2, do C.P.C. que o requerido na providência cautelar que efectuou os pagamentos indevidos não necessita de intentar uma acção própria para reaver aquelas quantias, nem precisa de deduzir qualquer pedido nesse sentido, devendo o juiz que proferir a sentença no processo principal, oficiosamente, condenar o requerente da providência a restituir o que for devido.

Em primeiro lugar, convém esclarecer que esta possibilidade só se aplica aos casos em que o dever de restituição se funda no disposto no art.º 405.º, n.º 1, do C.P.C.. Caso o mesmo tenha origem em responsabilidade civil, nos termos do art.º 390.º, do C.P.C., terá que ser intentada acção própria, onde se provem todos os requisitos deste instituto.

Em segundo lugar, pese embora as boas intenções desta disposição, há que dizer que o tribunal apenas se encontra em condições de condenar o requerente a restituir o que indevidamente recebeu a título provisório, quando tiver elementos que lhe permitam verificar o recebimento das rendas em causa, o que apenas sucederá se esse pagamento ocorreu em processo executivo, com intervenção do tribunal.

Não sendo possível ao juiz que proferir a sentença no processo principal, condenar o requerente da providência a restituir o que for

---

[250] LEBRE DE FREITAS, MONTALVÃO MACHADO e RUI PINTO, em *"Código de Processo Civil anotado"*, vol. 2.º, pág. 115-116, parecem defender solução oposta.

[251] LEBRE DE FREITAS, MONTALVÃO MACHADO e RUI PINTO, em *"Código de Processo Civil anotado"*, vol. 2.º, pág. 112-113.

devido, por ausência de elementos que lhe permitam reconhecer essa obrigação, deve abster-se dessa condenação, restando ao demandado na providência cautelar intentar acção própria para o efeito, onde demonstre a existência dos pressupostos do enriquecimento sem causa, nomeadamente os pagamentos efectuados. Se o juiz tem elementos para reconhecer a obrigação de restituição, sendo apenas incapaz de a quantificar, poderá proferir uma condenação genérica de restituição, a liquidar em execução de sentença, nos termos do art.º 661.º, n.º 2, do C.P.C.[252].

---

[252] *Vide*, neste sentido, CÉLIA PEREIRA, em *"Arbitramento de reparação provisória"*, pág. 192.

IV – O PROCEDIMENTO CAUTELAR DE ARBITRAMENTO DE REPARAÇÃO PROVISÓRIA

O procedimento cautelar de arbitramento de reparação provisória não tem uma tramitação própria, remetendo o art.º 404.º, n.º 1, do C.P.C., para as regras previstas para o procedimento cautelar de alimentos provisórios. Este procedimento, além de obedecer a regras específicas (art.º 400.º, do C.P.C.), é regulado pelas regras gerais estabelecidas para os procedimentos cautelares inominados (art.º 384.º a 386.º, do C.P.C.), aos quais é subsidiariamente aplicável a tramitação prevista nos art.º 302.º a 304.º, do C.P.C, para os incidentes da instância. Nas matérias em que não se verifique uma regulamentação especial, devem aplicar-se os princípios e regras do processo declarativo que não contendam com o carácter urgente dos procedimentos cautelares.

É importante realçar que o actual art.º 400.º, do C.P.C., onde se concentram as regras específicas que regem o procedimento cautelar de arbitramento de reparação provisória, por remissão do art.º 404.º, n.º 1, do C.P.C., além de ter eliminado normas contrárias a princípios gerais estruturantes da revisão de 1995-1996 (v.g. as normas que instituíam um sistema de cominatório pleno e limitações probatórias), limitou-se a suprimir a referência a regras que decorrem da aplicação subsidiária do procedimento cautelar comum e dos princípios do processo declarativo[253] (v.g. apresentação das testemunhas arroladas na audiência, exames periciais efectuados por apenas um perito). Nestes casos, essa supressão não visou um afastamento dessas regras, revelando apenas a desnecessidade da sua consagração específica, mantendo-se as soluções nelas contidas.

---

[253] LEBRE DE FREITAS, MONTALVÃO MACHADO e RUI PINTO, em *"Código de Processo Civil anotado"*, vol. 2.º, pág. 102-103.

1. O requerimento inicial

O requerimento para arbitramento de reparação provisória pode ser apresentado em tribunal em momento anterior ao da propositura da respectiva acção cível de indemnização, ou no decurso desta. Este procedimento também pode ser dependente de pedido cível indemnizatório deduzido em processo penal[254]. Na verdade, as medidas provisórias de pagamento de indemnização, previstas no C.P.P., nos art.º 82, n.º 2 (nos casos em que a indemnização cível deva ser liquidada posteriormente à sentença, o tribunal oficiosamente ou a requerimento do demandante, pode estabelecer um montante líquido por conta da indemnização a fixar posteriormente em tribunal civil), 82.º - A (não tendo sido deduzido pedido civil, o tribunal pode arbitrar uma quantia a título de indemnização pelos prejuízos sofridos, quando particulares exigências de protecção à vítima o imponham, sendo essa indemnização tida em conta em futura acção civil) e 83.º (a requerimento do lesado o tribunal pode declarar a condenação em indemnização civil, no todo ou em parte, provisoriamente executiva, nomeadamente sob a forma de pensão), divergem nos requisitos e finalidades da providência cautelar de arbitramento de reparação provisória, pelo que não se pode considerar que a aplicação desta em processo penal se encontra afastada pela previsão das referidas medidas.

Se for instaurado na pendência da acção, deve ser instaurado no tribunal onde se encontra a correr termos essa acção, sendo tramitado por apenso (art.º 383.º, n.º 3, do C.P.C.)[255]. Sendo apresentado previamente à instauração da acção da qual é dependente,

---

[254] *Vide*, no mesmo sentido, ABRANTES GERALDES, em *"Temas da reforma do processo civil..."*, vol. IV, pág. 160, e CÉLIA PEREIRA, em *"Arbitramento de reparação provisória"*, pág. 151.

Em sentido contrário, decidiu o Acórdão da Relação do Porto de 2-2-2005, no site www.dgsi.pt, relatado por ÉLIA SÃO PEDRO.

[255] Se a acção se encontrar em tribunal superior para ser apreciado recurso, a apensação só se processa após a baixa do processo ou o termo do procedimento cautelar, que entretanto deve prosseguir a sua tramitação normal (art.º 383.º, n.º 3, 2ª parte do C.P.C.).

deve ser proposto no tribunal competente em razão da matéria, da hierarquia e do território (art.º 83.º, n.º 1, c), do C.P.C.)[256] para apreciar o processo principal.

A dependência pode ser relativamente a uma acção a propor ou já proposta em tribunal português ou estrangeiro, nos termos em que Portugal participe em convenções internacionais neste domínio[257] (art.º 383.º, n.º 6, do C.P.C.), e relativamente a uma acção a correr termos perante um tribunal estadual ou arbitral[258].

O requerimento inicial está sujeito aos requisitos externos exigidos pelo art.º 474.º, do C.P.C., sendo aplicáveis as regras previstas neste artigo e seguintes para o incidente de verificação desses requisitos. Se o requerente tiver deduzido pedido de apoio judiciário, o que será uma situação comum neste tipo de procedimento, deve juntar com o requerimento inicial documento comprovativo de haver deduzido esse pedido junto da entidade competente (art.º 474.º, f) e 467.º, n.º 4, do C.P.C.).

O requerimento deve ser apresentado pelo titular do direito de indemnização que se encontra em situação de necessidade económica e deve ser demandado o obrigado a satisfazer essa indemnização. Nada obsta a que sejam vários os demandados, desde que todos sejam responsáveis pelo pagamento da indemnização invocada, devendo respeitar-se as situações de litisconsórcio necessário e as imposições legais de legitimidade porventura existentes para o direito indemnizatório em causa[259]. A obrigação de proceder ao pagamento da reparação provisória com vários sujeitos poderá ser conjunta ou solidária, de acordo com o regime substantivo a que estiver sujeita a obrigação de indemnização.

---

[256] Serão os fundamentos do pedido indemnizatório que determinarão o tribunal competente, segundo as diversas regras estabelecidas na lei.

[257] São conhecidas a Convenção de Bruxelas sobre competência judiciária e a Convenção de Lugano que prevêem essa relação de dependência nos seus art.º 24.º, sendo sempre necessária a existência de um elemento de conexão com o Estado no qual é possível propor a providência cautelar dependente de acção instaurada ou a instaurar em tribunal estrangeiro.

[258] Cfr., *supra*, nota 38.

[259] V.g. o disposto no art.º 29.º, do D.L. 522/85, de 31-12.

O valor processual do procedimento cautelar é o da mensalidade pedida, multiplicada por doze (art.º 313.º, n.º 3, a), do C.P.C.).

O requerente deve descrever o circunstancialismo que o faz titular de um dos direitos de indemnização referidos no art.º 403.º, n.º 1 e n.º 4, do C.P.C., expor a situação de necessidade que justifica a intervenção cautelar antecipatória daquele direito de indemnização, alegar o nexo de causalidade entre o descrito circunstancialismo e a sua situação de necessidade e concluir por um pedido de pagamento de indemnização provisória, na forma de renda mensal. Não é admissível a formulação de um pedido genérico, devendo o requerente concretizar o valor mensal da renda que pretende que o demandado seja condenado a pagar[260].

Deve também indicar logo no requerimento inicial as provas que pretende produzir, nomeadamente o rol de testemunhas (art.º 303.º, n.º 1, ex vi 384.º, n.º 3, do C.P.C.) e requerer a gravação da prova, caso deseje o registo da mesma (art.º 304.º, n.º 4, ex vi 384.º, n.º 3, do C.P.C.).

A interposição do requerimento solicitando o arbitramento de indemnização provisória não impede, nem suspende o prazo de caducidade eventualmente existente do direito de indemnização invocado.

2. O despacho inicial

Dependendo o prosseguimento do procedimento de prévio despacho judicial (art.º 234.º, n.º 4, b), do C.P.C.), pode o juiz indeferir liminarmente o requerimento (art.º 234.º-A, n.º 1, do C.P.C.), proferir despacho de convite ao aperfeiçoamento do mesmo (art.º 265.º, do C.P.C.), julgar o tribunal incompetente em razão do território ou da estrutura e ordenar a remessa do procedimento para o tribunal competente (art.º 110.º e 111.º do C.P.C.), ou designar dia para a realização de audiência de julgamento (art.º 400.º, n.º 1, ex vi art.º 404.º, n.º 1, ambos do C.P.C.).

---

[260] *Vide*, neste sentido CÉLIA PEREIRA, em *"Arbitramento de reparação provisória"*, pág. 152.

É inevitável o indeferimento liminar quando o pedido for manifestamente improcedente pela análise dos factos alegados, quando se verificam de forma indiscutível excepções dilatórias do conhecimento oficioso insupríveis (v.g. a incompetência absoluta do tribunal, a falta de personalidade judiciária, com excepção dos casos previstos no art.º 8.º, do C.P.C., a ilegitimidade singular, a litispendência, o caso julgado, e a ineptidão da p.i. nos casos previstos no art.º 193.º, do C.P.C., com excepção dos vícios exclusivamente relativos ao pedido[261]).

Esta decisão é recorrível, independentemente do valor do procedimento, tendo o recurso subida imediata, nos próprios autos e com efeito suspensivo (art.º 234.º-A, n.º 2, 738.º, a) e 740.º, n.º 1, do C.P.C.). O requerido deve ser sempre citado ou notificado para os termos do recurso e da causa, uma vez que não é possível neste procedimento cautelar dispensar-se o contraditório previamente à imposição da providência (art.º 234.º-A, n.º 3, do C.P.C.)[262].

Perante este despacho ou a sua confirmação pelo tribunal superior, o requerente poderá utilizar o benefício referido no art.º 476.º, do C.P.C., apresentando novo requerimento, no prazo de dez dias após a notificação da decisão respectiva, sem o vício que determinou o indeferimento liminar (art.º 234.º-A, n.º 1, do C.P.C.).

O despacho de convite ao aperfeiçoamento deve ser proferido quando o requerimento inicial apresenta insuficiências, deficiências ou excepções susceptíveis de serem supridas (v.g. preterição de litisconsórcio, falta de autorização ou deliberação, incapacidade judiciária, falta, insuficiência ou irregularidade de patrocínio judiciário ou de mandato), ao abrigo dos princípios expostos no art.º 265.º, do C.P.C.[263]. Encontram-se especialmente previstos alguns

---

[261] Não se encontrando o tribunal limitado pelo conteúdo do pedido de providência deduzido (art.º 392.º, n.º 3, do C.P.C.), a sua inexistência e ininteligibilidade não parecem obstar à apreciação do mérito da pretensão do requerente resultante da causa de pedir invocada, escolhendo o tribunal a providência que entender adequada para evitar o perigo denunciado no requerimento inicial.

[262] Cfr., *infra*, pág. 131.

[263] ABRANTES GERALDES, em *"Temas da reforma do processo civil..."*, vol. III, pág. 183-186, LEBRE DE FREITAS, MONTALVÃO MACHADO e RUI PINTO, em *"Código de Processo Civil anotado"*, vol. 2.º, pág. 22 e 103, e RITA BARBOSA DA CRUZ, em *"O arresto"*, em O Direito, Ano 132 (2000), vol. I e II, pág. 115, nota 16.

despachos de correcção, como sucede nos art.º 23.º a 25.º (suprimento de incapacidade judiciária, irregularidade de representação e falta de autorização ou deliberação), 33.º (falta de patrocínio), 40.º (falta, insuficiência ou irregularidade do mandato), 314.º, n.º 3 (falta de indicação do valor do procedimento) e 392.º, n.º 3 (erro no procedimento escolhido), todos do C.P.C..

O despacho de convite ao aperfeiçoamento é irrecorrível (art.º 508.º, n.º 6, do C.P.C.), devido a não ser um despacho definitivo, sendo apenas recorríveis os despachos que retiram as consequências da não adesão ao convite formulado.

A falta de adesão ou a recusa ao convite ao aperfeiçoamento, nos casos em que não é da competência do tribunal providenciar pelo suprimento do vício detectado (v.g. art.º 23.º e 24.º, e 392.º, n.º 3, do C.P.C.), determina a absolvição da instância do requerido, quando se verifica uma excepção dilatória ou falta a indicação do valor do procedimento cautelar[264], prosseguindo este nos demais casos de insuficiência ou deficiência da matéria alegada.

Deve ser proferido despacho de incompetência do tribunal em razão do território, ou da estrutura do tribunal, quando seja detectado esse vício, uma vez que, nas providências cautelares, o seu conhecimento é oficioso (art.º 110.º, n.º 1, a), e n.º 2, do C.P.C.). Não sendo conhecida esta questão no despacho inicial, a mesma ainda pode ser apreciada até à prolação da decisão final, uma vez que, em regra neste procedimento, é esse o primeiro despacho subsequente ao termo dos articulados, não relevando para este efeito os despachos proferidos no âmbito da produção de prova e da condução da audiência de julgamento (art.º 110.º, n.º 3, do C.P.C.).

A declaração de incompetência determina a remessa do procedimento para o tribunal competente (art.º 111.º, n.º 3, do C.P.C.), decidindo definitivamente a questão da competência quando transitada em julgado (art.º 111.º, n.º 2, do C.P.C.), pelo que está vedado ao tribunal destinatário declarar a sua incompetência.

---

[264] Embora a lei refira neste caso a extinção da instância como consequência da não correcção do vício detectado e comunicado (art.º 314.º, n.º 3, do C.P.C.), ela é equivalente à absolvição da instância do requerido.

Este despacho é recorrível, cabendo recurso de agravo, com subida imediata nos próprios autos, com efeito suspensivo (art.º 111.º, n.º 5 e 740.º, n.º 1, do C.P.C.).

Nada obstando ao conhecimento do mérito do procedimento cautelar, deve o tribunal designar dia para a realização de audiência de julgamento, com convocação de ambas as partes (art.º 400.º, n.º 1, ex vi art.º 404.º, n.º 1, ambos do C.P.C.).

Considerando os termos em que vem prevista esta fase da tramitação processual, deve entender-se que não é possível o juiz dispensar o contraditório neste procedimento cautelar[265]. Determina-se a advertência a ambas as partes para comparecerem na audiência, de modo a realizar-se uma diligência conciliatória e prevê-se a apresentação da contestação na própria audiência de julgamento (art.º 400.º, .º 1 e 2, ex vi do art.º 404.º, n.º 1, do C.P.C.), o que não é compatível com a dispensa de audição do requerido. O legislador, considerando o tipo de providências que estava em causa (de pagamento antecipado de quantias em dinheiro), entendeu que as vantagens da participação prévia do requerido no procedimento cautelar superavam sempre as desvantagens, pelo que pressupôs a necessidade de ser sempre conferida a possibilidade ao requerido de participar na fase processual anterior à decisão, não admitindo a possibilidade de, em caso algum, o juiz poder dispensar o contraditório do requerido.

Apesar do dia da audiência dever ser designado para uma data próxima, atenta a urgência dos procedimentos cautelares, que precede qualquer outro serviço judicial não urgente (art.º 382.º, n.º 1, do C.P.C.), a marcação deve ser efectuada de modo a que, entre a citação ou notificação do requerido e a data marcada, decorram pelo menos dez dias, que é o prazo geral para a dedução de oposição nos procedimentos cautelares (art.º 303.º, n.º 2, ex vi 384.º, n.º 3, do C.P.C.), uma vez que a contestação deve ser apresentada no início da audiência de julgamento (art.º 400.º, n.º 2, ex vi 404.º,

---

[265] ABRANTES GERALDES, em *"Temas da reforma do processo civil..."*, vol IV, pág. 124, e LEBRE DE FREITAS, MONTALVÃO MACHADO e RUI PINTO, em *"Código de Processo Civil anotado"*, vol. 2.º, pág. 103.

n.º 1, do C.P.C.)[266]. Caso entre a citação ou a notificação e a data da audiência de julgamento não tenha decorrido aquele lapso de tempo necessário à preparação da defesa, deve o juiz adiar a realização da audiência para data que contemple esse prazo, a não ser que o requerido apresente a contestação no seu início ou prescinda expressamente do referido prazo de 10 dias.

O requerido deve ser citado, se o procedimento cautelar é anterior à sua citação para a acção principal, ou notificado se é posterior, sendo-lhe comunicada a marcação da audiência de julgamento e entregue duplicado do requerimento inicial e documentos juntos. Na hipótese de notificação, além dela se efectuar na pessoa do mandatário já constituído pelo requerido na acção principal, também este último deve ser notificado pessoalmente para comparecer na audiência, ou nela se fazer representar por procurador com poderes especiais para transigir (art.º 400.º, n.º 1, ex vi do art.º 404.º, n.º 1, do C.P.C.). A citação ou notificação deve incluir a cominação estabelecida pela lei para a falta de dedução de oposição à pretensão do requerente (art.º 235.º, n.º 2, do C.P.C.), sob pena de nulidade do acto (art.º 198.º, n.º 1, do C.P.C.).

Nunca se poderá recorrer à citação edital (art.º 385.º, n.º 4, do C.P.C.), não sendo admissível neste procedimento o juiz poder dispensar a audição prévia do requerido quando se certificar que não é possível a sua citação pessoal. Revelando-se esgotadas as diligências para descobrir o paradeiro do requerido, deve o processo cautelar aguardar novas informações do requerente sobre essa matéria, até à deserção da instância.

A citação para os termos do procedimento cautelar pode produzir efeitos substantivos[267], como seja o da interrupção da pres-

---

[266] Vide, neste sentido, CÉLIA PEREIRA, em "Arbitramento de reparação provisória", pág. 158, e o Acórdão da Relação de Guimarães de 18-2-2005, no site www.dgsi.pt, relatado por MANSO RAÍNHO.

[267] Não nos estamos a referir à determinação do art.º 385.º, n.º 7, do C.P.C., segundo o qual a citação em providência cautelar previamente instaurada permite que os efeitos normais da citação ocorram logo com a propositura da acção principal, mas sim a efeitos no direito substantivo da própria citação no procedimento cautelar.

crição do direito de indemnização que fundamenta o pedido cautelar[268]. Nos termos do art.º 323.º, n.º 1 e 4, do C.C., a prescrição interrompe-se pela citação ou notificação judicial de qualquer acto que exprima a intenção de exercer o direito, pelo que a citação do requerido, no âmbito do procedimento cautelar de arbitramento de reparação provisória, provoca a interrupção do prazo de prescrição do direito indemnizatório invocado, valendo também aqui o disposto no art.º 323.º, n.º 2, do C.C..

Contudo, somos de opinião que esse acto, só por si, já não tem a virtualidade de constituir o devedor em mora no cumprimento da obrigação indemnizatória, nos termos do art.º 805.º, n.º 1, do C.C.[269]. O pedido cautelar não pode ser considerado uma interpelação para aquele cumprir essa obrigação, mas apenas para suportar os custos duma situação de necessidade temporária, por conta da indemnização definitiva. Nada impede, porém, que da redacção do requerimento cautelar se conclua que o mesmo também inclui uma interpelação tácita ou expressa do requerido para cumprir a obrigação principal de indemnização.

Não devem ser efectuadas quaisquer diligências probatórias, requeridas pelo proponente do procedimento cautelar (v.g. requisição de documentos ou realização de exames), antes da audiência de julgamento, uma vez que nessa altura ainda não foi exercido o contraditório pelo requerido que abrange a legalidade ou oportunidade da produção dos meios de prova solicitadas, salvo as hipóteses em que é possível a produção antecipada de prova, nos termos do art.º 520.º, do C.P.C..

---

[268] DIAS MARQUES, em *"Prescrição extintiva"*, pág. 173-175, VAZ SERRA, em *"Prescrição extintiva e caducidade"*, no B.M.J. n.º 106, pág. 207, PIRES DE LIMA e ANTUNES VARELA, em *"Código Civil anotado"*, vol. I, pág. 290, RODRIGUES BASTOS, em *"Notas ao Código Civil"*, vol. II, pág. 91, ABRANTES GERALDES, em *"Temas da reforma do processo civil..."*, vol. III, pág. 196, e LEBRE DE FREITAS, MONTALVÃO MACHADO e RUI PINTO, em *"Código de Processo Civil anotado"*, vol. 2.º, pág. 29.

[269] Em sentido contrário ABRANTES GERALDES, em *"Temas da reforma do processo civil..."*, vol. III, pág. 197.

3. A oposição

A contestação deve ser apresentada pelo requerido até ao início da audiência de julgamento, *inclusive*, nada impedindo que ela seja entregue na secretaria em momento anterior.

Na contestação, o requerido deve concentrar todos os meios de defesa que entenda utilizar, oferecer todos os meios de prova que queira produzir e requerer a gravação da audiência, se o desejar (art.º 303.º, n.º 1, e 304.º, n.º 4, ex vi 384.º, n.º 3, do C.P.C.).

A falta de contestação produz os efeitos cominatórios previstos para o processo declarativo (art.º 385.º, n.º 5, do C.P.C.), isto é, a confissão legalmente presumida de todos os factos alegados pelo requerente, com interesse para a decisão da causa (art.º 484.º, n.º 1, do C.P.C.). O mesmo sucederá relativamente aos factos que não forem impugnados na oposição apresentada.

Esta cominação não tem aplicação se, existindo uma pluralidade de requeridos, algum deles contestar, quanto aos factos por este impugnados (art.º 485.º, a), do C.P.C.) , quando algum dos requeridos for incapaz, situando-se a causa no âmbito da incapacidade (art.º 485.º, b), do C.P.C.) e relativamente aos factos para cuja prova se exige documento escrito (art.º 485.º, d), do C.P.C.)[270].

A contestação apresentada na acção principal, à data do termo do prazo para requerido contraditar o requerimento cautelar, não pode valer como oposição aos factos alegados nesta peça processual[271]. Apesar de existir uma relação de dependência entre a acção principal e o procedimento cautelar, eles perseguem finalidades distintas e desenvolvem-se em processos distintos, não existindo razões para que se considere que uma contestação, apresentada ao

---

[270] A situação da alínea c), do art.º 485.º, do C.P.C., não á aplicável a este procedimento, uma vez que a pretensão aqui em causa encontra-se na esfera de disponibilidade das partes.

[271] Em sentido contrário, ABRANTES GERALDES, em *"Temas da reforma do processo civil..."*, vol. III, pág. 199-200, e LEBRE DE FREITAS, MONTALVÃO MACHADO e RUI PINTO, em *"Código de Processo Civil anotado"*, vol. 2.º, pág. 28.

pedido de reconhecimento judicial de um direito, também deve valer como oposição ao pedido de imposição de uma medida provisória que acautele a eficácia desse reconhecimento, sem que o interessado manifeste qualquer vontade nesse sentido.

Não há uma identidade de situações que justifique a aplicação analógica do disposto no art.º 817.º, n.º 3, do C.P.C., que diz não se considerarem confessados os factos constantes dos embargos de executado que, apesar de não terem sido contestados, estiverem em oposição ao expressamente alegado pelo exequente no requerimento executivo. Apesar de se processarem por apenso à execução, os embargos de executado não deixam de ser uma verdadeira contestação à petição executiva, o que não sucede com a contestação apresentada na acção principal relativamente à pretensão cautelar, pelo que não estão reunidos os pressupostos justificativos duma aplicação analógica do disposto no art.º 817.º, n.º 3, do C.P.C.. Aliás, tendo sido introduzidas pelo mesmo diploma as redacções do referido art.º 817.º, n.º 3, e do art.º 385.º, n.º 5, ambos do C.P.C., a circunstância de, neste último, não constar qualquer restrição à confissão de factos que estivessem em oposição com os alegados na contestação apresentada na acção principal, é elucidativa da vontade do legislador em não conferir relevância a essa eventual oposição.

E o facto do art.º 385.º, n.º 5, do C.P.C., apenas se referir à revelia de quem haja sido *"citado"*, não deve permitir o raciocínio de que se pretendeu excluir do efeito cominatório quem já havia apresentado contestação na acção principal, não tendo por isso sido citado para a providência cautelar, mas sim notificado. Em primeiro lugar, não se compreenderia que o legislador não tivesse denunciado abertamente tal opção, como o fez no art.º 817.º, n.º 3, do C.P.C., preferindo uma técnica legislativa dissimulada. Em segundo lugar, a circunstância do requerido dever ser notificado do requerimento cautelar, em virtude de já ter sido citado na acção principal, não significa que tenha aqui deduzido contestação, pelo que o efeito cominatório da revelia, previsto para a acção declarativa nunca seria exclusivo dos casos de citação do requerido no procedimento cautelar. O referido termo "citado" deve ser interpretado extensivamente, de modo a abranger as hipóteses em que o acto de convocação do requerido para o procedimento cautelar é a notificação.

Considerando o princípio da igualdade de tratamento das partes (art.º 3.º-A, do C.P.C.)[272] deve também ser possível, ao juiz proferir despacho de aperfeiçoamento da contestação imediatamente após a apresentação desta, ao abrigo do disposto no art.º 265.º, do C.P.C., podendo ser concedido um prazo para a correcção sugerida, em casos de especial dificuldade, suspendendo-se para o efeito a audiência já iniciada.

4. A audiência de julgamento

São convocados para a audiência de julgamento as partes e os seus mandatários, se estes estiverem constituídos nos autos do procedimento cautelar ou na acção principal[273].

A audiência é realizada por tribunal singular (art.º 105.º e 106.º, da L.O.F.T.J.).

Conforme já se referiu[274], entre o dia em que se realizou a comunicação ao requerido da data da audiência de julgamento e esta devem distar, pelo menos 10 dias, de modo a garantir que este dispõe do prazo para contestar aplicável aos procedimentos cautelares (art.º 303.º, n.º 2, ex vi do art.º 384.º, n.º 3, do C.P.C.). Caso este lapso de tempo não se verificar, deve o juiz adiar a realização da audiência de julgamento, a não ser que o requerido apresente a contestação no seu início ou prescinda expressamente do referido prazo de 10 dias.

A audiência de julgamento, além de poder ser adiada com fundamento no impedimento do juiz, pode ser adiada uma única vez, com base na falta de qualquer um dos mandatários já constituídos

---

[272] Sobre este princípio LEBRE DE FREITAS, em *"Introdução ao processo civil"*, pág. 105-106, e LOPES DO REGO, em *"Comentários ao Código de Processo Civil"*, 1.º vol., pág. 35-39.

[273] A procuração junta a uma acção vale para todos os seus incidentes (art.º 36.º, n.º 1, do C.P.C.), incluindo procedimentos cautelares.

[274] Cfr. *supra*, pág. 131-132.

nos autos (art.º 386.º, n.º 2, do C.P.C.)[275]. Mas se a data da audiência de julgamento for marcada em dia que teve o acordo desses mandatários constituídos[276], só pode verificar-se um adiamento no caso previsto no art.º 651.º, n.º 1, d), do C.P.C.. Em caso de adiamento, a audiência deve ser marcada para um dos cinco dias subsequentes (art.º 386.º, n.º 2, do C.P.C.). A falta das partes ou de qualquer testemunha nunca poderá determinar o adiamento da audiência de julgamento (art.º 386.º, n.º 2 e 3 e 400.º, n.º 3, ex vi do 404.º, n.º 1, do C.P.C.), não devendo a falta da parte merecer qualquer sanção pecuniária, uma vez que destinando-se a sua presença apenas a possibilitar a realização de um acordo, não pode a sua ausência considerar-se uma violação do dever de colaboração com o tribunal[277]. No caso do requerido não ter mandatário constituído, nem se fazer representar, não há lugar ao adiamento da audiência, aplicando-se as consequências acima referidas para a falta de contestação[278].

No caso de adiamento da audiência, uma vez que esta não se chega a iniciar, a contestação pode ser apresentada apenas na nova data designada.

Apresentada a contestação no início da audiência de julgamento, se esta incluir defesa por excepção, deve dar-se oportunidade, sem suspensão da audiência, para o requerente oralmente se pronunciar sobre a matéria de excepção (art.º 3.º, n.º 4, do C.P.C.)[279]. Apesar

---

[275] LEBRE DE FREITAS, MONTALVÃO MACHADO e RUI PINTO, em *"Código de Processo Civil anotado"*, vol. 2.º, pág. 104.

Sobre o regime dos adiamentos na audiência de julgamento da providência de alimentos provisórios, *vide* ABRANTES GERALDES, em *"Temas da reforma do processo civil"*, vol. IV, pág. 122, nota 210.

[276] A marcação da data com o acordo dos mandatários só pode suceder se o procedimento cautelar for instaurado já na pendência da acção principal, tendo aí o requerido já constituído mandatário.

[277] ABRANTES GERALDES, em *"Temas da reforma do processo civil..."*, vol. IV, pág. 121-122, nota 210.

[278] CÉLIA PEREIRA, em *"Arbitramento de reparação provisória"*, pág. 156--157, defende que nestes casos o juiz deve ordenar a produção de prova, apreciá-la e proferir julgamento de mérito sobre a matéria de facto.

[279] ABRANTES GERALDES, em *"Temas da reforma do processo civil..."*, vol. III, pág. 201, LOPES DO REGO, em *"Comentários ao Código de Processo Civil"*, 1.º vol., pág. 34-35, e LEBRE DE FREITAS, MONTALVÃO MACHADO e RUI PINTO, em *"Código de Processo Civil anotado"*, vol. 2.º, pág. 104.

de não se encontrar previsto este momento de decisão, nada impede que o juiz decida imediatamente sobre a procedência de qualquer excepção dilatória antes de se proceder à produção da prova, por razões de economia processual, uma vez que a procedência da mesma evitará uma produção de prova inútil.

Também podem ser deduzidos incidentes na contestação, como o de verificação do valor da causa (art.º 314.º e seg., do C.P.C.), de impugnação da genuinidade de documento (art.º 544.º e seg. do C.P.C.), de ilisão da autenticidade ou da força probatória de documento (art.º 546.º e seg., do C.P.C.), e de incompetência relativa do tribunal (art.º 109.º e seg. do C.P.C.), que possibilitam uma resposta do requerente, a qual deve ser dada de imediato na própria audiência de julgamento, em obediência ao princípio da máxima celeridade que preside aos procedimentos cautelares. A necessidade de instrução destes incidentes deve também ser realizada no mais curto espaço de tempo, e, caso se revele necessário proceder a uma suspensão da audiência, deverão tomar-se em consideração os prazos programáticos estabelecidos nos art.º 382.º, n.º 2, e 386.º, n.º 2, do C.P.C..

Relativamente aos incidentes de intervenção de terceiros, apenas devem ser admitidos e processados os estritamente necessários ao prosseguimento do procedimento, como os de habilitação e os de intervenção principal, destinados a suprir uma preterição de litisconsórcio necessário[280].

Deve ser admitida a dedução de articulados supervenientes na audiência de julgamento que permita a actualização da matéria fáctica em discussão, seguindo-se os termos previstos no art.º 507.º, do C.P.C.[281].

A alteração do pedido inicialmente formulado não está subordinada às condicionantes do art.º 273.º, do C.P.C., uma vez que o tribunal não se encontra limitado pelo conteúdo do mesmo (art.º 392.º, n.º 3, do C.P.C.)[282].

---

[280] ABRANTES GERALDES, em *"Temas da reforma do processo civil..."*, vol. III, pág. 133, nota 200, e LEBRE DE FREITAS, MONTALVÃO MACHADO e RUI PINTO, em *"Código de Processo Civil anotado"*, vol. 2.º, pág. 15.
[281] Cfr., *supra*, pág. 43-44.
[282] Cfr., *supra*, pág. 39-40.

Após a apresentação da contestação e eventual resposta na audiência, deve o tribunal tentar a conciliação das partes (art.º 400.º, n.º 2, ex vi do art.º 404.º, n.º 1, do C.P.C.), se os presentes tiverem legitimidade para celebrar um acordo. Este acordo pode passar pela fixação da indemnização definitiva ou pela fixação de uma reparação provisória. Na fixação desta última indemnização, as partes não estão limitadas à indemnização sob a forma de renda, podendo acordar noutras modalidades de indemnização[283], como o pagamento em espécie (v.g. fornecimento de medicamentos e assistência médica, disponibilização de uma casa) ou o pagamento duma única soma pecuniária. Celebrado o acordo, verificada a legitimidade das partes e a sua incidência sobre o objecto do procedimento cautelar, deve o juiz proceder imediatamente à sua homologação por sentença (art.º 400.º, n.º 3, ex vi do art.º 404.º, n.º 1, do C.P.C.).

Não sendo possível a celebração de acordo, por ausência de um dos intervenientes necessários ou por não ser possível a composição do conflito, deve proceder-se à produção da prova arrolada ou oficiosamente determinada.

Não deve ser admitida a realização de meios de prova de produção previsivelmente demorada que não sejam essenciais para verificar a aparência do direito ou o apuramento da situação de necessidade[284], nomeadamente exames periciais[285]. Neste juízo, deve

---

[283] ABRANTES GERALDES, em *"Temas da reforma do processo civil..."*, vol. IV, pág. 164-165, LEBRE DE FREITAS, MONTALVÃO MACHADO e RUI PINTO, em *"Código de Processo Civil anotado"*, vol. 2.º, pág. 113-114, CÉLIA PEREIRA, em *"Arbitramento de reparação provisória"*, pág. 162, e o Acórdão da Relação de Lisboa de 23-11-1999, na C.J., Ano XXIV, tomo 5, pág. 99, relatado por SANTOS MARTINS.

[284] As regras do procedimento cautelar de alimentos provisórios anteriores à reforma de 1995-1996 apenas admitiam a produção de meios de prova testemunhais e documentais (art.º 389.º, n.º 4, do C.P.C., na redacção anterior ao D.L. 329-A/95), tendo essa norma sido afastada por se entender que violava o art.º 6.º da Convenção Europeia dos Direitos do Homem. Se é discutível a legalidade duma norma que imponha restrições à utilização dos meios de prova, nada obsta a que se confira ao juiz poderes de selecção dos meios de prova oferecidos, baseados em critérios de necessidade e oportunidade.

[285] Se for necessária a realização duma perícia que não deva ser efectuada em estabelecimento oficial, a mesma será realizada por um único perito, aplicando-se

tentar compatibilizar-se a liberdade de produção dos meios de prova legalmente admissíveis com a urgência, a eficácia e a natureza sumária do procedimento cautelar. Todos os meios de prova, cuja produção inevitavelmente prejudique de forma grave a celeridade necessária à actuação eficaz da providência cautelar, só devem ser admitidos se forem imprescindíveis ao apuramento da aparência do direito indemnizatório ou da situação de necessidade. O juízo de razoabilidade sobre o tempo de produção dos meios de prova deve tomar em consideração os prazos programáticos de duração total dos procedimentos cautelares, estabelecidos no art.º 382.º, n.º 2, do C.P.C., e de adiamento da audiência de julgamento estabelecido no art.º 386.º, n.º 2, do C.P.C..

A prova testemunhal tem o limite máximo de oito testemunhas, por cada parte, apenas podendo ser ouvidas três testemunhas a cada facto, pelo que há necessidade de na audiência de julgamento a parte que oferece a testemunha indicar a que factos está limitado o depoimento desta (art.º 304.º, n.º 1, ex vi art.º 384.º, n.º 3, do C.P.C.).

As testemunhas oferecidas por ambas as partes não serão notificadas, devendo ser apresentadas[286]. Esta conclusão retira-se da circunstância inultrapassável do rol de testemunhas do requerido apenas ser apresentado na própria audiência de julgamento, devendo as testemunhas oferecidas estarem presentes nesse momento. O princípio da igualdade no tratamento das partes (art.º 3.º-A, do C.P.C.) impõe que o mesmo se passe com as testemunhas oferecidas pelo requerente[287].

---

analogicamente o disposto na parte final do n.º 5, do art.º 796.º, do C.P.C. para o processo sumaríssimo, como aliás se encontrava expressamente previsto no anterior art.º 391.º, n.º 2, do C.P.C..

[286] Era esta a solução expressamente consagrada no anterior art.º 389.º, n.º 4, do C.P.C..

[287] Em sentido contrário, pronunciou-se o Acórdão do S.T.J. de 14-4-1999, no B.M.J. n.º 486, pág. 239, relatado por SILVA GRAÇA, sendo essa também a opinião de CÉLIA PEREIRA, em *"Arbitramento de reparação provisória"*, pág. 160-161.

As testemunhas deverão em regra depor na audiência de julgamento, presencialmente ou por teleconferência[288]. A admissibilidade dos depoimentos serem prestados fora da audiência de julgamento nas hipóteses previstas nas alíneas do art.º 621.º, do C.P.C., deverá estar sujeita ao mesmo juízo que acima se enunciou na admissibilidade dos meios probatórios. Apenas deverão ser admitidas as modalidades de depoimentos exteriores à audiência que não ponham em causa a celeridade e a natureza sumária que caracterizam um procedimento cautelar, o que afasta inevitavelmente a possibilidade do depoimento prestado por carta rogatória, nos termos em que actualmente se processa.

Uma vez que as testemunhas arroladas não são convocadas a sua ausência não permite requerer a suspensão da audiência, de modo a permitir a sua audição em nova data, nos termos do art.º 386.º, n.º 3, 1ª parte, do C.P.C., sem prejuízo do tribunal poder oficiosamente determinar essa suspensão, caso entenda importante para a decisão da causa o depoimento da testemunha faltosa (art.º 386.º, n.º 3, 2ª parte, do C.P.C.).

A prova documental deve ser junta com o requerimento inicial e com a contestação (art.º 303.º, n.º 1, ex vi art.º 384.º, n.º 3, do C.P.C.). Tem-se suscitado a questão se nos procedimentos cautelares podem ser juntos documentos no decurso da audiência de julgamento[289]. É regra geral do processo civil que, apesar dos documentos deverem ser juntos com o articulado em que foram alegados os factos a que correspondem, nada impede a sua junção posterior, sendo sancionada com uma multa a mora que se verifique (art.º 523.º, do C.P.C.). Assim, também nada impede nos procedimentos cautelares que a junção de documentos ocorra no decurso da audiência de julgamento, sancionando-se a apresentação tardia com uma multa. A tramitação do incidente de admissão dos documentos apresentados deve processar-se com celeridade, justificando-se a sus-

---

[288] Esta modalidade poderá determinar a suspensão da audiência, devido a não ser possível no momento reunir os meios operacionais para se proceder à sua realização. Neste caso, a suspensão deve ter em consideração o prazo programático estabelecido no art.º 386.º, n.º 2, do C.P.C. para os adiamentos.

[289] Cfr., *supra*, nota 79.

pensão da audiência apenas em casos excepcionais, em que a análise dos documentos apresentados, pela sua extensão ou complexidade, não possa ser efectuada nesse mesmo dia.

O tribunal pode determinar a realização de todas as diligências que entender necessárias para a descoberta da verdade, determinando a suspensão da audiência sempre que isso se revele necessário para a produção das provas ordenadas (art.º 386.º, n.º 1 e 3, do C.P.C.).

Os depoimentos das partes, testemunhas ou peritos, prestados em produção de prova, deverão ser gravados através dos meios disponíveis no tribunal, sempre que qualquer das partes o requeira atempadamente (art.º 304.º, n.º 3, ex vi art.º 384.º, n.º 3, do C.P.C.).

Se já tiverem sido produzidas quaisquer provas na acção principal cujo objecto coincida com a matéria em discussão no procedimento cautelar, as mesmas devem aqui ser ponderadas na apreciação da prova produzida (art.º 522.º, n.º 1, do C.P.C.).

Não tendo sido apresentada contestação, não há lugar à fase da produção de prova, salvo nas hipóteses em que não funciona o efeito da revelia acima enunciado[290]. Se não tiverem sido alegados factos suficientes para o juiz decretar a providência requerida, deve esta ser julgada improcedente, não sendo legítimo que, oficiosamente, se desenvolvam diligências de recolha dos factos em falta[291]. Se o tribunal tem poderes para oficiosamente realizar uma actividade instrutória que melhor lhe permita averiguar da veracidade dos factos alegados, não tem poderes para investigar a existência de factos não invocados pelas partes. O tribunal, além dos factos alegados pelas partes, só pode utilizar para fundamentar a sua decisão os factos notórios ou conhecidos pelo juiz, no exercício das suas funções (art.º 264.º, n.º 2 e 514.º, do C.P.C.), e os instrumentais e complementares que resultarem da instrução e discussão da causa (art.º 264.º, n.º 2 e 3, do C.P.C.).

O art.º 400.º, n.º 3, do C.P.C., refere que se realiza a produção de prova e, "de seguida" profere-se decisão, por sentença, apa-

---

[290] Cfr, *supra*, pág. 134-136.
[291] Em sentido contrário ABRANTES GERALDES, em *"Temas da reforma do processo civil..."*, vol. IV, pág. 162.

rentando não haver espaço para alegações dos mandatários das partes. A apreciação crítica das provas realizadas e o debate sobre a motivação jurídica da causa, previamente à decisão sobre a matéria de facto e de direito, são exigências do princípio do contraditório que se encontram expressas no art.º 3.º, n.º 3, do C.P.C., as quais são aplicáveis aos procedimentos cautelares. Deste modo, após o termo da produção da prova arrolada ou oficiosamente ordenada, deve ser dada oportunidade aos mandatários das partes de proferirem breves alegações orais sobre a relevância das provas produzidas e sobre o aspecto jurídico da questão[292], aplicando-se, por analogia, o regime previsto para a forma processual mais simples das acções declarativas – o art.º 796.º, n.º 6, do C.P.C., previsto para o processo sumaríssimo.

A decisão deve ser proferida na audiência de julgamento, finalizando-a. Apesar do art.º 400.º, n.º 3, do C.P.C. referir que, produzida a prova, "de seguida" o juiz decide, nada impede que este suspenda a audiência após as alegações dos mandatários das partes, retomando-a em data que não deve exceder o prazo programático mencionado no art.º 386.º, n.º 2, do C.P.C., permitindo-lhe assim uma melhor reflexão sobre a decisão a tomar.

5. A decisão

A decisão final tem o valor de sentença e deve ser proferida oralmente na audiência de julgamento (art.º 400.º, n.º 3, ex vi art.º 404.º, n.º 1, do C.P.C.).

Esta sentença pode ser sucintamente fundamentada (art.º 400.º, n.º 3, ex vi art.º 404.º, n.º 1, do C.P.C.), o que significa que, além da parte decisória (incluindo a condenação em custas), pode apenas conter a enumeração dos factos provados e não provados e uma indicação sumária dos fundamentos que foram decisivos para

---

[292] ABRANTES GERALDES, em *"Temas da reforma do processo civil..."*, vol. III, pág. 232, e vol, IV, pág. 122, e LEBRE DE FREITAS, MONTALVÃO MACHADO e RUI PINTO, em *"Código de Processo Civil anotado"*, vol. 2.º, pág. 31-32.

a convicção do julgador na fixação da matéria de facto e das razões de direito que motivaram a decisão.

A providência deve ser decretada desde que se revele existir uma probabilidade séria da existência do direito indemnizatório e se mostre suficientemente provada a situação de necessidade e o nexo causal entre a mesma e o facto lesivo que originou o direito à indemnização (art.º 387.º, n.º 1, do C.P.C.).

Na fixação da renda mensal, no caso de procedência da pretensão cautelar, o juiz não está limitado pelo pedido deduzido pelo requerente, podendo arbitrar renda inferior ou superior à peticionada, uma vez que nos procedimentos cautelares o princípio do dispositivo não impõe limites ao conteúdo da sentença, conforme resulta da primeira parte do disposto no art.º 392.º, n.º 3, do C.P.C.[293]. Este artigo não se limita a permitir uma correcção oficiosa da forma do procedimento cautelar escolhido pelo requerente para deduzir a sua pretensão, mas também a possibilitar que o juiz escolha a providência que melhor se adeque a prevenir a situação de perigo apurada, dimensionando-a de acordo com as necessidades[294]. Na hipótese do tribunal pretender fixar uma renda superior à peticionada, deve ouvir previamente as partes, de forma a que sejam cumpridos os princípios enunciados no art.º 3.º, do C.P.C.[295].

O tribunal nunca poderá efectuar uma condenação genérica, diferindo a liquidação da renda para momento ulterior, devendo, em caso de procedência da pretensão cautelar, fixar sempre uma renda mensal indemnizatória, num juízo de equidade.

Apesar de não ser obrigatória, por resultar da lei[296], é aconselhável que a decisão refira o momento a partir do qual as rendas mensais fixadas são devidas.

---

[293] Em sentido contrário, *vide*, CÉLIA PEREIRA, em *"Arbitramento de reparação provisória"*, pág. 147-149.

[294] ABRANTES GERALDES, em *"Temas da reforma do processo civil"*, vol. III, pág. 332-336, LOPES DO REGO, em *"Comentários ao Código de Processo Civil"*, 1.º vol., pág. 362, e LEBRE DE FREITAS, MONTALVÃO MACHADO e RUI PINTO, em *"Código de Processo Civil anotado"*, vol. 2.º, pág. 67-68.

[295] LOPES DO REGO, em *"Comentários ao Código de Processo Civil"*, 1.º vol., pág. 362, e LEBRE DE FREITAS, MONTALVÃO MACHADO e RUI PINTO, em *"Código de Processo Civil anotado"*, vol. 2.º, pág. 68.

[296] Cfr., *supra*, pág. 98-99.

Aos vícios da decisão final são-lhe aplicáveis as regras gerais previstas nos art.º 666.º a 670.º, do C.P.C., com excepção da tipificação de nulidade constante da alínea e), do art.º 668.º, do C.P.C., a qual não é aplicável às sentenças proferidas nos procedimentos cautelares, pelas razões acima referidas[297].

Da sentença pode ser interposto recurso de agravo, o qual subirá imediatamente, nos próprios autos, com efeito suspensivo, se não for ordenada a providência cautelar (art.º 738.º, n.º 1, a) e 740.º, n.º 1, do C.P.C.) e subirá imediatamente, em separado, com efeito meramente devolutivo, caso seja arbitrada uma reparação provisória (art.º 738.º, n.º 1, b) e 740.º, do C.P.C.)[298].

Dado encontrarmo-nos perante decisões meramente provisórias, o legislador não admitiu que as decisões do Tribunal da Relação proferidas no âmbito das providências cautelares fossem recorríveis para o Supremo Tribunal de Justiça (art.º 387.º-A, do C.P.C., introduzido pelo D.L. 375-A/99, de 20-9), salvo se o recurso tiver por fundamento a violação das regras da competência internacional, em razão da matéria ou da hierarquia, a ofensa de caso julgado e a contradição de julgados no Tribunal da Relação (art.º 678.º, n.º 2 e 4, do C.P.C.).

---

[297] Cfr., *supra*, pág. 144.
[298] Cfr., *supra*, pág. 110-111.

V – O PROCEDIMENTO CAUTELAR EXPERIMENTAL

O Decreto-Lei n.º 108/2006, de 8 de Junho, criou um regime processual civil especial de natureza experimental, aplicável às acções declarativas e a todos os procedimentos cautelares entrados, a partir de 16 de Outubro de 2006, em determinados tribunais a indicar por portaria do Ministro da Justiça[299], entre aqueles que registam maior afluência processual, atenta a matéria das acções predominante e as actividades económicas das partes.

Este diploma teve como intenção anunciada criar um regime processual civil mais simples e flexível, confiante na capacidade e no interesse dos intervenientes forenses em resolver com rapidez, eficiência e justiça os litígios em tribunal. O regime especial experimental consagrado confere ao juiz um papel mais interventivo, acentuando a concepção sobre a actuação do magistrado judicial no processo civil declarativo enquanto responsável pela direcção do processo e, como tal, pela sua agilização.

Atento o cariz inovador do novo regime, de forma cautelosa, preferiu-se que o mesmo fosse testado, vigorando apenas em determinados tribunais, a título experimental. Conforme se refere no preâmbulo do D.L. n.º 108/2006, "opta-se, num primeiro momento, por circunscrever a aplicação deste regime a um conjunto de tribunais a determinar pela elevada movimentação processual que apre-

---

[299] A Portaria n.º 955/2006, de 13 de Setembro, determinou a aplicação do processo civil experimental aos seguintes tribunais:
    a) Juízos Cíveis de Almada;
    b) Juízos Cíveis do Porto;
    c) Juízos de Pequena Instância Cível do Porto;
    d) Juízos Cíveis do Seixal.

sentem, atentos os objectos de acção predominantes e as actividades económicas dos litigantes. A natureza experimental da reformulação da tramitação processual civil que aqui se prevê permitirá testar e aperfeiçoar os dispositivos de aceleração, simplificação e flexibilização processuais consagrados, antes de alargar o âmbito da sua aplicação".

Este novo regime não regula toda a tramitação do processo declarativo comum, contendo apenas algumas normas que diferem do regime geral daquela tramitação previsto no C.P.C., pelo que existe uma relação de especialidade entre as normas do D.L. n.º 108/06 e o C.P.C.. Pode, então, dizer-se que este diploma cria um processo especial apenas aplicável, experimentalmente, aos processos instaurados em determinados tribunais, após 16 de Outubro de 2006, ao qual são aplicáveis as regras excepcionais aí previstas e as regras gerais do processo comum declarativo, contidas no C.P.C., que não contrariem aquele regime especial.

Às restantes acções, instauradas nos restantes tribunais, ou já pendentes em 16-10-2006, serão tramitadas exclusivamente pelas regras do C.P.C., não se lhes aplicando o disposto no D.L. n.º 108/06.

O novo regime experimental destina-se sobretudo às acções declarativas, com processo comum, incluindo apenas uma regra específica para os procedimentos cautelares (art.º 16.º, do D.L. n.º 108//2006) e determinando expressamente a aplicação de algumas das normas reguladoras do processo declarativo comum (art.º 3.º e 6.º, do D.L. n.º 108/06) aos procedimentos cautelares e processos declarativos especiais (art.º 17.º, do D.L. n.º 108/06).

Contudo, além desta remissão expressa, uma vez que aos procedimentos cautelares se devem aplicar os princípios e regras do processo declarativo que não contendam com o carácter urgente daqueles[300], as restantes normas do novo regime também devem ser aplicadas para suprir as insuficiências da regulamentação específica dos procedimentos cautelares e das regras gerais dos incidentes da instância (art.º 302.º a 304.º), subsidiariamente aplicáveis (art.º 384.º, n.º 3, do C.P.C.).

---

[300] Cfr., *supra*, pág. 125.

Tenha-se em atenção, contudo, que as normas deste novo regime, para já, só devem ser aplicadas nos procedimentos cautelares entrados após 16-10-2006 nos tribunais experimentais indicados pelo Ministério da Justiça, em Portaria.

Assumem-se, pois, como normas especiais, aplicáveis aos procedimentos cautelares de arbitramento de reparação provisória entrados após 16-10-2006 nos tribunais experimentais, os art.º 3.º, 6.º, 8.º, n.º 5 (em parte), 11.º, n.º 4, 12.º, 14.º, 15.º e 16.º, do D.L. n.º 108/06, cujo conteúdo contraria o disposto nas regras gerais resultantes da aplicação do C.P.C. à tramitação deste procedimento cautelar tipificado.

1. A forma dos actos processuais

Por remissão expressa do art.º 17.º, do D.L. n.º 108/06, os actos processuais, incluindo os actos das partes que devam ser praticados por escrito, são praticados electronicamente, nos termos a definir por portaria do Ministro da Justiça, nos procedimentos cautelares entrados após 16-10-2006 nos tribunais experimentais (art.º 3.º, do D.L. n.º 108/06).

Cria-se uma obrigatoriedade de todos os actos processuais escritos, sejam eles da competência do tribunal ou das partes, serem praticados através de meio electrónico[301].

2. A agregação de procedimentos

Também por remissão do art.º 17.º, do D.L. n.º 108/06, é possível a associação transitória de vários procedimentos cautelares, para a prática conjunta de um mais actos processuais, nomeadamente actos da secretaria, audiência de julgamento, despachos interlocutórias ou sentenças (art.º 6.º, do D.L. n.º 108/06). Tal como na apensação de processos (art.º 275.º, do C.P.C.), exige-se que entre

---

[301] No âmbito do C.P.C. esta forma é meramente facultativa (art.º 150.º, do C.P.C.).

esses procedimentos se verifiquem os pressupostos de admissibilidade do litisconsórcio, da coligação, da oposição ou da reconvenção.

Estamos perante uma medida alternativa da apensação de processos que difere desta porque na agregação a associação de processos é apenas transitória, destinando-se apenas à prática isolada de um ou mais actos, enquanto na apensação a associação já é definitiva, sendo os processos apensados encarados e tramitados, para sempre, como um único processo.

Através da agregação, permite-se que o juiz ou a secretaria, em qualquer momento, pratique um acto ou realize uma diligência extensível a vários processos, sem que estes tenham de, no futuro, ser tratados conjuntamente. O acto a praticar conjuntamente pode resumir-se à realização de uma determinada diligência de instrução – como a inquirição de testemunhas arroladas em vários procedimentos, ou a prestação de esclarecimentos pelos mesmos peritos – ou à discussão, na audiência de julgamento de uma única questão de facto ou direito comum às várias causas. Terminado o acto praticado em conjunto, os procedimentos prosseguem individualmente a sua marcha.

Não se prevê que esta medida revista uma utilidade prática relevante, relativamente aos procedimentos cautelares de arbitramento de reparação provisória, salvo quando o mesmo evento causa prejuízos a vários lesados, colocando-os em situação de necessidade. Nestas situações, excepcionais, estando pendentes diversos procedimentos cautelares, pode revelar-se útil a realização conjunta de diligências probatórias que incidam sobre as circunstâncias do acidente comum aos vários procedimentos, ou mesmo a prolação duma única sentença que aprecie do mérito das diferentes providências requeridas.

Tal como a apensação, a agregação pode ser requerida pelas partes ou, quando se trate de processos que pendam perante o mesmo juiz, oficiosamente determinada (art.º 6.º, n.º 1 e 3, do D.L. n.º 108/06).

Nos processos que pendam perante juízes diferentes, a agregação deve ser requerida ao presidente do tribunal, de cuja decisão não cabe reclamação, não sendo aplicável o n.º 2, do artigo 210.º, do C.P.C. (art.º 6.º, n.º 4, do D.L. n.º 108/06).

A decisão de agregação e os actos que esta tem por objecto são praticados no procedimento que tiver sido instaurada em primeiro lugar ou, no caso de relação de dependência ou subsidiariedade entre os pedidos, no procedimento que tiver por objecto a apreciação do pedido principal (art.º 6.º, n.º 2, do D.L. n.º 108/06).

A decisão de agregação deve indicar quais os actos a praticar conjuntamente e respectivo conteúdo e é notificada às partes, consoante os casos, com a convocação para a diligência conjunta ou com o despacho ou a sentença praticados conjuntamente (art.º 6.º, n.º 5, do D.L. n.º 108/06).

A decisão de agregação só pode ser impugnada no recurso que venha a ser interposto da decisão final (art.º 6.º, n.º 6, do D.L. 108/06).

3. A produção de prova

Como já vimos, as partes devem indicar nos requerimentos de propositura do procedimento e de oposição os meios de prova que pretendem produzir (art.º 384.º, n.º 3 e 303.º, n.º 1, do C.P.C.). Nos procedimentos entrados após 16-10-2006 nos tribunais experimentais, tais requerimentos probatórios devem indicar, de forma discriminada, os factos sobre os quais recaem a inquirição de cada uma das testemunhas e a restante produção de prova (art.º 8.º, n.º 5, do D.L. n.º 108/06).

O C.P.C. já exigia, relativamente à prova pericial (art.º 577.º) e ao depoimento de parte (art.º 552.º, n.º 2), a descriminação dos factos que estes meios de prova visavam demonstrar. Neste novo regime experimental tal exigência passa também a abranger os restantes meios probatórios: prova por documentos, inspecção judicial e prova testemunhal.

O juiz recusará a inquirição quando considere assentes ou irrelevantes para a decisão da causa os factos sobre os quais recai o depoimento (art.º 11.º, n.º 4, do D.L. 108/06, do C.P.C.). Por idênticas razões deve também o juiz recusar a produção dos restantes meios de prova.

Este poder do juiz não impede que este, oficiosamente, determine a produção daqueles meios de prova arrolados a factos não indicados pelas partes, nos termos permitidos pelo art.º 265.º, n.º 3, do C.P.C..

Se as partes omitirem a exigida indicação descriminada dos factos sobre os quais devem recair os meios de prova arrolados, devem ser convidadas a corrigir os seus requerimentos, suprindo essa omissão, sob pena de ser indeferida a produção dos meios de prova requeridos.

Os depoimentos das testemunhas e das partes podem ser prestados através de documento escrito, datado e assinado pelo seu autor, com indicação do procedimento a que respeita e do qual conste a relação discriminada dos factos a que assistiu ou que verificou pessoalmente e das razões de ciência invocadas (art.º 12.º, n.º 1, do D.L. 108/06). Ao contrário do que sucede no processo comum, regulado no C.P.C., em que o depoimento escrito só é possível, existindo acordo das partes nesse sentido (art.º 639.º, do C.P.C.), quando se verificar impossibilidade ou grave dificuldade de comparência do depoente no tribunal, neste regime de processo experimental é totalmente livre de requisitos de admissibilidade a prestação dos depoimentos por escrito.

O escrito donde constar o depoimento deve mencionar todos os elementos de identificação do depoente, se existe alguma relação de parentesco, afinidade, amizade ou dependência com as partes ou qualquer interesse na acção e a declaração expressa que o escrito se destina a ser apresentado em juízo e que o depoente está consciente de que a falsidade das declarações dele constantes o fazem incorrer em responsabilidade criminal (art.º 12.º, n.º 2, do D.L. n.º 108/06).

A iniciativa de apresentação do depoimento por escrito pode ser da iniciativa do próprio depoente ou da parte que arrolou a testemunha.

Não tendo sido exigidos quaisquer formalismos preventivos que garantissem a genuídade e autenticidade do escrito apresentado, devem ser admitidos os incidentes de impugnação da genuídade e invocação da falsidade desse escrito, nos termos previstos nos art.º 544.º e seg., do C.P.C..

A possibilidade dos depoimentos serem prestados por escrito não obsta a que o juiz, quando entenda necessário, possa, oficiosamente ou a requerimento de qualquer das partes, mesmo a que arrolou a testemunha em causa, determinar a renovação oral desse depoimento, ou a prestação de esclarecimentos[302], na sua presença (art.º 12.º, n.º 3, do D.L. n.º 108/06).

Tendo uma das partes requerido a renovação do depoimento, o despacho sobre esse requerimento não é proferido no uso de um poder discricionário, uma vez que não pode ser retirado às partes o direito ao contraditório em fase de produção de prova, mantendo estas o direito de instarem as testemunhas que depuseram por escrito.

Sendo deduzido e admitido incidente de impugnação (art.º 636.º e 637.º, do C.P.C.), acareação (art.º 642.º, do C.P.C.) ou contradita (art.º 640.º, do C.P.C.), relativamente ao depoimento apresentado por escrito, pode também ser ordenada a presença da testemunha na audiência, para prestar as declarações previstas nestes incidentes.

Se a testemunha que depôs por escrito não comparecer na audiência de julgamento quando tal lhe seja ordenado, para renovar o seu depoimento ou prestar esclarecimentos, deve essa falta ser ponderada na valoração do depoimento apresentado, não determinando a nulidade deste, face à ausência de previsão legal desta sanção.

Apesar do silencio da lei nesta matéria, entendemos que o regime de apresentação dos depoimentos escritos não deve seguir o da prova documental[303], devendo os mesmos serem apresentados até ao momento em que tal depoimento deveria ser prestado oralmente em audiência, de modo ao mesmo poder ser lido, apreciado e valorado em tempo útil.

Quando os depoimentos escritos sejam apresentados em audiência deve a mesma ser suspensa pelo tempo que se revele necessário à sua leitura pelos mandatários das partes e pelo juiz.

---

[302] A prestação de esclarecimentos também poderá ser efectuada por escrito.
[303] Vide, infra, pág. 141-142.

4. Adiamento da audiência de julgamento

Tendo a audiência para produção de prova sido marcada com o acordo de ambos os mandatários, a mesma, além das situações de impedimento do tribunal, só pode ser adiada em caso de justo impedimento do mandatário de qualquer das partes (art.º 14.º, do D.L. n.º 108/06).

A exigência duma situação de justo impedimento dos mandatários das partes é mais rigorosa do que a prevista no regime geral do C.P.C., no seu art.º 651.º, n.º 1, d). Na verdade, enquanto aí o adiamento da audiência ocorre com a simples comunicação pelo mandatário de circunstâncias que o impossibilitam de comparecer, não sendo necessária a prova da veracidade do circunstancialismo alegado, no âmbito do regime do D.L. n.º 108/06, a referência a uma situação de justo impedimento remete para as regras do incidente previsto e regulado no art.º 146.º, do C.P.C.. Nos termos do n.º 2, deste artigo, deve o mandatário faltoso, juntamente com a comunicação da situação que impossibilita a sua presença na audiência, oferecer logo a respectiva prova. O juiz, depois de ouvida a parte contrária, julgará ou não relevante e existente o motivo invocado, determinando, em conformidade com o sentido desse julgamento, o adiamento ou a realização da audiência na data marcada com o acordo de ambos os mandatários.

5. A decisão

Enquanto no regime geral do C.P.C. a decisão <u>pode</u> ser sucintamente fundamentada, no regime especial do D.L. n.º 108/06 a decisão final <u>deve</u> limitar-se à parte decisória, precedida da identificação das partes e da fundamentação sumária do julgado (art.º 15.º, do D.L. n.º 108/06).

Neste regime experimental existe, pois, uma obrigatoriedade das decisões serem fundamentadas sumariamente, sem que a violação desta imposição constitua qualquer nulidade com influência na decisão da causa.

Esta imposição é criticável, uma vez que impede o juiz de adequar a necessidade de fundamentação, mais ou menos extensa, à singularidade de cada procedimento, contrariando assim a intenção, declarada no preâmbulo do D.L. n.º 108/06, de "conferir ao juiz o poder de adoptar a tramitação processual adequada às especificidades da causa e o conteúdo e a forma dos actos ao fim que visam atingir".

6. A possibilidade de convolação do objecto do procedimento cautelar

Dispõe o art.º 16.º, do D.L. n.º 108/06, que, quando tenham sido trazidos ao procedimento cautelar os elementos necessários à resolução definitiva do caso, o tribunal pode, ouvidas as partes, antecipar o juízo sobre a causa principal.

Esta disposição "revolucionária" permite que o tribunal, num procedimento cautelar, em vez de decretar uma providência de natureza instrumental e provisória, profira decisão definitiva sobre a causa principal, da qual aquele procedimento era dependente. Possibilita-se o aproveitamento de um "processo", apenas destinado a apurar da necessidade de adoptar uma medida provisória de protecção a um direito substantivo, para, por iniciativa do julgador, decidir-se definitivamente sobre o mérito do exercício desse direito, revelando-se desnecessária a acção principal, onde este seria apreciado.

Deste modo admite-se a convolação do objecto dos procedimentos cautelares, aumentando a amplitude da excepção ao princípio do dispositivo na conformação da instância que vigora nos procedimentos cautelares[304]. Na verdade, se o art.º 392.º, n.º 3, do C.P.C., já permitia que o julgador optasse pela providência que considerasse mais adequada a afastar o perigo existente, independentemente do pedido que tivesse sido deduzido, afastando assim

---

[304] Cfr., *supra*, pág. 39-40.

a aplicação dos limites ao conteúdo da decisão impostos pelo art.º 661.º, n.º 1, do C.P.C., neste novo regime do processo experimental a liberdade do julgador é ainda maior. Ele não só pode optar pela adopção duma providência diferente da requerida pelo demandante, como pode não decretar nenhuma providência e proferir decisão sobre a causa principal, sem que exista qualquer pedido nesse sentido. Neste último caso, a decisão não se reporta a qualquer pedido deduzido pelo demandante.

É requisito substantivo desta convolação que tenham sido trazidos ao procedimento cautelar todos os elementos necessários à resolução definitiva do caso. Estes elementos imprescindíveis respeitam à matéria de facto e à produção dos meios de prova, devendo terem sido alegados todos os factos e sido apresentadas e realizadas todas as provas necessários a que o tribunal, num juízo de certeza, possa julgar definitivamente sobre a existência e exercício do direito, que a providência requerida visava acautelar. Para ser proferida uma decisão definitiva não basta um simples juízo de probabilidade ou de aparência do direito (o *fumus boni juris*), exigindo-se um juízo de certeza jurídica.

Antes de ser proferida uma decisão definitiva sobre a questão, com convolação do objecto do procedimento cautelar, deve o juiz ouvir as partes sobre a aplicação de tal possibilidade.

Esta audição deve ser feita após ter terminado a produção de prova e antes de ser proferida a decisão cautelar, quando o juiz coloque a hipótese de se encontrarem reunidas as condições para proferir uma decisão definitiva sobre o fundo da questão, em vez de decretar uma simples medida cautelar, de cariz provisório.

Se ambas, ou qualquer uma das partes, se opuser à convolação, invocando a existência de factos relevantes para a decisão definitiva da causa, que não foram alegados no procedimento cautelar, ou a possibilidade de serem produzidos meios de prova relevantes, que não foram produzidos no procedimento cautelar, deve o juiz evitar proferir uma decisão de mérito definitiva sobre a causa principal.

A decisão definitiva da causa proferida em procedimento cautelar não pode ocorrer se, na acção principal da qual o procedimento é dependente, já tiver sido proferida a sentença final, mesmo que esta não tenha transitado em julgado, atenta a extinção do poder jurisdicional nessa matéria (art.º 666.º, n.º 1, do C.P.C.)[305]. Sendo o procedimento cautelar dependente da acção principal, o poder jurisdicional que se reflecte na prolação da sentença proferida nesta última coincide com o poder jurisdicional que legitimaria uma eventual convolação daquele procedimento, pelo que, sendo a matéria das decisões a mesma, não pode ser proferida segunda decisão definitiva no procedimento cautelar.

Se a acção principal já se encontrar pendente quando for proferida decisão definitiva em procedimento cautelar, o trânsito em julgado desta decisão determina a extinção daquela por impossibilidade superveniente (art.º 287.º, e), do C.P.C.). Entre o momento da prolação daquela decisão e o seu trânsito, justifica-se a suspensão da causa principal, aguardando o desfecho final do procedimento convolado, nos termos do art.º 276.º, n.º 1, c) e 279.º, n.º 1, do C.P.C..

No procedimento cautelar especificado de arbitramento de reparação provisória, só deve ser utilizada a possibilidade prevista no art.º 16.º, do D.L. n.º 108/06, quando os factos alegados e os meios de prova produzidos permitam uma decisão segura, tomada num juízo de certeza e não de mera probabilidade ou aparência, sobre a existência do direito de indemnização que fundamentava o requerimento cautelar e o valor líquido da indemnização definitiva.

Se este juízo de certeza apenas abrange a existência do direito de indemnização, não existindo elementos para proceder à liquidação desta, não deve ser proferida decisão definitiva de condenação em montante ilíquido, nos termos permitidos pelo art.º 661.º, n.º 2, do C.P.C., uma vez que o demandante precisa que lhe seja arbi-

---

[305] E quando já tiver sido proferida decisão sobre a matéria de facto na acção principal, se, contrariando os ditames mais elementares do bom senso, for proferida decisão definitiva no procedimento cautelar, esta não poderá ter como fundamento pressupostos facticos que contrariem o julgamento da matéria de facto proferido na acção principal.

trada, com urgência, uma indemnização provisória líquida, em forma de renda, que lhe permita acudir ao seu estado de necessidade. A urgência da satisfação deste interesse não é obtida com uma condenação genérica, a exigir a tramitação de posterior incidente de liquidação, pelo que não deve ser efectuada a possível convolação do objecto do procedimento, decretando-se antes a providência cautelar requerida, ou seja o arbitramento de reparação provisória.

VI – CONCLUSÕES

1. As providências cautelares, no processo civil, são medidas destinadas a remover uma situação de perigo iminente e concreto que ameaça o direito cuja tutela foi ou irá ser solicitada às instâncias do poder judicial, em matéria cível, resultante da duração do processo destinado a realizar essa tutela.

2. A figura das providências cautelares alcança a sua autonomia teórica e sistemática pela função instrumental desempenhada no processo civil, tendo como principais características: a jurisdicionalidade, a dependência, a provisoriedade e a proporcionalidade.

3. Considerando que a classificação das acções utilizada no C.P.C. atendeu à sua diferente função, o procedimento cautelar, pela finalidade própria que visa atingir, merecia um lugar próprio na galeria das acções expostas no art.º 4.º, daquele Código.

4. Neste procedimento regem os princípios do processo civil, como catálogo dos valores fundamentais que enformam o processo em determinado momento histórico, os quais conferem coerência ao sistema processual vigente e permitem a clarificação dos motivos que presidem à opção por determinadas soluções normativas.

5. Revelam-se como excepções, ao princípio do contraditório, a possibilidade de serem decretadas providências sem a audição prévia do requerido, e, ao princípio do dispositivo, o poder do juiz decretar providência diversa da solicitada.

6. Assumem-se como princípios específicos dos procedimentos cautelares o da máxima celeridade e o da aparência em matéria de prova e fundamentação jurídica.

7. A tipificação da providência cautelar de arbitramento de reparação provisória foi efectuada pela reforma do C.P.C. de 1995/1996 e visou incentivar o recurso a uma rápida actuação na satisfação das indemnizações, limitada aos casos em que estivesse em perigo a sobrevivência digna dos titulares do respectivo direito.

8. A consagração típica desta providência não introduziu uma medida cautelar até aí inadmissível, tendo apenas tipificado uma providência que não era utilizada nos tribunais, mas era legalmente permitida pela cláusula geral contida no art.º 381.º, do C.P.C.. Tal inovação teve, pois, como principal mérito, a publicitação de uma medida por descobrir entre a infinita gama das providências cautelares admitidas pelo nosso sistema jurídico.

9. Essa tipificação, pelas expectativas de utilização que poderá ter criado e pela frustração das mesmas, poderá ter a virtualidade de suscitar a questão da criação de novos meios de tutela antecipada e provisória dos direitos judicialmente reclamados, para além das providências cautelares de cariz antecipatório. São esses novos meios de tutela, libertos do requisito da existência de uma situação de perigo para o direito acautelado, que podem vir a permitir uma resposta mais generalizada aos anseios de uma intervenção eficaz do sistema judicial na resolução dos conflitos, pondo termo a um uso abusivo da tutela cautelar.

10. São requisitos de adopção da providência cautelar de arbitramento de reparação provisória a existência:

– de um direito de indemnização, já judicialmente reclamado ou a reclamar, pelos prejuízos resultantes da morte, lesão corporal ou dano susceptível de pôr seriamente em causa o sustento ou habitação do lesado;
– de um estado de necessidade económica do lesado;
– e de um nexo de causalidade entre aqueles danos e a situação de necessidade.

11. O direito de indemnização não é exclusivo da responsabilidade extracontratual, podendo ter as origens mais diversas, incluindo a responsabilidade contratual.

12. Apenas podem requerer um arbitramento de reparação provisória, com fundamento na existência de um direito de indemnização por prejuízos resultantes da morte de alguém, os que tinham o direito legal a alimentos do de cujus, quer se encontrasse já em execução, quer se encontrasse por executar, e aqueles que já recebiam alimentos deste, no cumprimento de obrigação natural.

13. Apenas pode fundamentar uma pretensão de arbitramento de indemnização provisória, com base na existência de um direito de indemnização por lesão corporal se este tiver originado os seguintes prejuízos de natureza patrimonial:

– as despesas com o socorro, os tratamentos e a assistência à vitima da lesão sofrida e suas consequências, efectuadas pelo próprio lesado;
– as despesas com os meios necessários a suprir a perda de auto-suficiência;
– a perda de rendimentos, resultante duma situação de incapacidade física ou intelectual, temporária ou permanente;
– a diminuição da capacidade de ganho, em consequência da situação de incapacidade acima referida;
– a perda do direito a alimentos a prestar ou em prestação pelo lesado.

14. Apesar de constar uma ampliação do âmbito desta providência cautelar de um parágrafo próprio do art.º 403.º, do C.P.C. (o n.º 4) – casos em que a pretensão indemnizatória se funde em dano susceptível de pôr seriamente em causa o sustento ou a habitação do lesado – ela não assume qualquer especialidade relativamente às situações constantes do n.º 1 do mesmo artigo.

15. O dano que ponha em causa o sustento do lesado é todo aquele que o impede de obter os rendimentos necessários à manutenção de um trem de vida digno, de acordo com os valores da actualidade. O dano que põe em causa a habitação do lesado é todo aquele que o impede de usufruir a casa onde tem ou projectava ter instalada a sua residência permanente e habitual, incidindo directamente sobre a casa ou sobre a relação ou o acesso do lesado a ela.

16. Ao contrário dos direitos de indemnização por morte e por lesão corporal, o direito de indemnização por dano que ponha seriamente em causa o sustento ou a habitação do lesado, também se pode constituir nos casos de expropriação por utilidade pública ou privada e de acessão. Contudo, a hipótese de utilização da providência cautelar de arbitramento de reparação provisória, como dependência do exercício judicial desses direitos de indemnização, é sobretudo académica, revelando-se de difícil concretização situações que a justifiquem.

17. A situação de necessidade como requisito da providência cautelar de arbitramento de reparação provisória caracteriza-se por uma insuficiência actual e manifesta de rendimentos para fazer face às despesas inerentes à vivência do lesado e seus dependentes, de acordo com um padrão de vida digno, definido pelos valores vigentes.

18. A providência cautelar de arbitramento de reparação provisória traduz-se na condenação do aparente responsável pela satisfação da indemnização no pagamento duma quantia certa, sob a forma de renda mensal, destinada à reparação provisória dos danos causados. A opção por este sistema indemnizatório apresenta as vantagens de poder acompanhar a duração do estado de necessidade e adaptar-se às suas alterações, de evitar que o lesante tenha de pagar por uma só vez uma quantia que pode revelar-se muito elevada, e de impedir que o lesado dissipe o capital. Tem, porém, o risco da insolvência superveniente do devedor.

19. O legislador preferiu conferir ao julgador uma grande liberdade na delicada operação de fixação do quantum da reparação provisória, em vez de impor critérios objectivos. Mas este está sempre vinculado à busca da solução mais justa que caracteriza o juízo de equidade, de acordo com os grandes princípios do direito e das regras basilares da sua aplicação, como são "a boa prudência, o bom senso prático, a justa medida das coisas e a criteriosa ponderação das realidades da vida".

20. O legislador procurou assegurar o cumprimento das decisões cautelares que necessitassem de um acto de colaboração do demandado, através de medidas cumuláveis que o pressionassem a acatar a injunção judicial, criminalizando a sua desobediência, permitindo a aplicação de sanções pecuniárias compulsórias e facilitando a execução judicial dessas decisões.

21. A possibilidade de aplicação de sanções pecuniárias compulsórias nas providências cautelares não está limitada, como sucede com as sentenças proferidas nas acções declarativas ao não acatamento das condenações em prestação de facto infungível e pecuniárias, abrangendo qualquer tipo de medida cautelar.

22. O fundamento para a alteração do valor da renda inicialmente arbitrada pelo mesmo tribunal que a fixou apenas pode ser a evolução posterior do circunstancialismo fáctico que sustentou essa decisão.

23. A cessação da providência cautelar de arbitramento de reparação provisória, além dos casos de caducidade tipificados no art.º 389.º, n.º 1, do C.P.C., pode resultar do trânsito em julgado da sentença que fixou a indemnização definitiva, ou do seu cumprimento, consoante os casos, ou da evolução posterior do circunstancialismo fáctico que em que se baseou a decisão cautelar.

24. Se caducar a providência, incluindo nos casos em que na acção principal não é reconhecido o direito à indemnização invocado pelo requerente, ou o valor da indemnização definitiva é inferior ao montante global das rendas provisórias entretanto pagas, aquele fica obrigado a restituir as quantias indevidamente recebidas, nos termos previstos para o enriquecimento sem causa. Esta obrigação de restituição, segundo as regras do enriquecimento sem causa, não constitui um regime especial que afasta a responsabilidade civil do requerente de providência cautelar, caducada por facto imputável a este, num juízo de censura, nos termos do art.º 390.º, n.º 1, do C.P.C..

25. O procedimento cautelar de arbitramento de reparação provisória não tem uma tramitação própria, remetendo o art.º 404.º, n.º 1, do C.P.C., para as regras previstas para o procedimento cautelar de alimentos provisórios. Este procedimento, além de obedecer a regras específicas (art.º 400.º, do C.P.C.), é regulado pelas regras gerais estabelecidas para os procedimentos cautelares inominados (art.º 384.º a 386.º, do C.P.C.), aos quais é subsidiariamente aplicável a tramitação prevista nos art.º 302.º a 304.º, do C.P.C,. para os incidentes da instância. Nas matérias em que não se verifique uma regulamentação especial devem aplicar-se os princípios e regras do processo declarativo que não contendam com o carácter urgente dos procedimentos cautelares.

26. As regras específicas dos procedimentos cautelares de alimentos provisórios e de arbitramento de reparação provisória, além de preverem um mecanismo próprio de alteração ou cessação das respectivas medidas, visam sobretudo aumentar ainda mais a velocidade da tramitação cautelar. O despacho liminar de admissão consiste logo na marcação da audiência de julgamento que se inicia com a apresentação da contestação pelo requerido, não sendo admissível a dispensa de contraditório, e termina com a prolação oral da decisão final.

27. O D.L. n.º 108/2006, de 8 de Junho, criou um regime processual civil especial de natureza experimental, aplicável às acções declarativas e a todos os procedimentos cautelares entrados, a partir de 16 de Outubro de 2006, em determinados tribunais a indicar por portaria do Ministro da Justiça, contendo uma regra específica para os procedimentos cautelares e determinando a aplicação de algumas das normas reguladoras do processo declarativo comum aos procedimentos cautelares.

BIBLIOGRAFIA

ALARCÃO, **Rui**
- *"Direito das obrigações"*, ed. policopiada, Coimbra, 1983.

ALMEIDA, **Dário Martins de**
- *"Manual de acidentes de viação"*, 3.ª ed., Livraria Almedina, Coimbra, 1987.

ALMEIDA, **L. P. Moitinho de**
- *"Providências cautelares não especificdas"*, Coimbra Editora, Coimbra, 1981.

ASCENSÃO, **José de Oliveira**
- *"Direito civil – sucessões"*, 5.ª ed., Coimbra Editora, Coimbra, 2000.
- *"As relações jurídicas reais"*, Livraria Morais Editora, Lisboa, 1962.
- *"Direito civil. Reais"*, 4.ª ed., Coimbra Editora, Coimbra, 1983.

AULETTA, **Tommaso Amedeo**
- *"Alimenti e solidarietà familiare"*, Giuffrè Editore, Milano, 1984.

BASTOS, **Jacinto Fernandes Rodrigues**
- *"Notas ao Código de Processo Civil"*, vol. I, 3.ª ed., Lisboa, 1999, e vol. II, 3.ª ed., Lisboa, 2000.
- *"Notas ao Código Civil"*, vol. II, Lisboa, 1988.

BELEZA, **Maria dos Prazeres Pizarro**
- *"Procedimentos cautelares"*, na *"POLIS – Enciclopédia Verbo da sociedade e do estado"*, vol. 4, pág. 1502-1505.
- Parecer publicado sob o título *"Impossibilidade de alteração do pedido ou da causa de pedir nos procedimentos cautelares"*, em "Direito e Justiça", vol. XI (1997), tomo 1, pág. 337-350.

BIANCA, **C. Massimo**
- *"Diritto civile 2. La famiglia, le successioni"*, vol. 2, 2.ª ed., Giuffrè Editore, Milano, 1995.

BRITO, **Mário de**
- *"Sobre o recurso de constitucionalidade das decisões provisórias"*, em "Ab uno a domes. 75 anos de Coimbra Editora. 1920-1995", pág. 845--861, Coimbra Editora, Coimbra, 1998

CAETANO, Marcello
- *"Manual de direito administrativo"*, tomo I, 10.ª ed. (3.ª reimpressão), revista e actualizada por Freitas do Amaral, Livraria Almedina, Coimbra, 1984.

CALAMANDREI, P.
- *"Introduzione allo studio sistematico dei provvedimenti cautelari"*, Cedam, Padova, 1936.

CAMPOS, Diogo Leite de
- *"A indemnização do dano de morte"*, no "Boletim da Faculdade de Direito da Universidade de Coimbra", n.º L, pág. 247-297.
- *"A vida, a morte e a sua indemnização"*, no "Boletim do Ministério da Justiça", n.º 365, pág. 5-20.
- *"A subsidiariedade da obrigação de restituir o enriquecimento"*, Livraria Almedina, Coimbra, 1974.

CARBONNIER, Jean
- *"Droit civil – Les obligations"*, tomo 4, 20.ª ed., Puf, Paris, 1996.

CARDOSO, João Lopes
- *"Partilhas judiciais"*, vol I, 4.º ed., Livraria Almedina, Coimbra, 1990.

CARLOS, Adelino da Palma
- *"Projecto de alteração de algumas disposições dos livros I e III, do Código de Processo Civil"*, no "Boletim do Ministério da Justiça", n.º 102, pág. 5-139.
- Parecer de 19-6-1972, publicado sob o título *"Procedimentos cautelares antecipadores"*, em "O Direito", Ano 105, pág. 236-251.

CARNELUTTI, Francesco
- *"Sistema del diritto processuale"*, vol. I, Cedam, Padova, 1936.

CARPI, Federico
- *"La tutela d'urgenza fra cautela, sentenza antecipata e giudizio di merito"*, na "Rivista di Diritto Processuale", 1985, pág. 680-724.

CASTRO, Artur Anselmo de
- *"Direito processual civil declaratório"*, vol. I, Livraria Almedina, Coimbra, 1981.

CERDEIRA, Ângela Cristina da Silva
- *"Da responsabilidade civil dos cônjuges entre si"*, Coimbra Editora, Coimbra, 2000.

CHABAS, François
- *"Leçons de Droit Civil"*, Tomo II, 1.º vol.,*"Obligations – théorie générale"*, de Henri, Léon e Jean Mazeaud e François Chabas, 9.ª ed., Montchrestien, Paris, 1998.

COELHO, Francisco Pereira
- *"Direito das sucessões"*, ed. policopiada, Coimbra 1992.

COELHO, Francisco Pereira / OLIVEIRA, Guilherme de
- *"Curso de direito de família"*, vol. I, 2.ª ed., Coimbra Editora, Coimbra, 2001.

CORDEIRO, António Manuel da Rocha e Menezes
- *"Direito das obrigações"*, vol. I e II, A.A.F.D.L., Lisboa, 1980.
- *"Da boa-fé no direito civil"*, vol. I, Livraria Almedina, Coimbra, 1985.
- *"Direitos Reais"*, Reimpressão, Lex, Lisboa, 1993.

COSTA, Mário Júlio de Almeida
- *"Direito das obrigações"*, 9.ª ed., Livraria Almedina, Coimbra, 2001.
- *"O concurso da responsabilidade contratual e extracontratual"*, em *"Ab vno ad omnes – 75 anos da Coimbra Editora"*, pág. 555-565, Coimbra Editora, Coimbra, 1998.
- *"Responsabilidade civil pela ruptura das negociações preparatórias de um contrato"*, Separata da "Revista de Legislação e Jurisprudência", Coimbra Editora, Coimbra, 1984.

COSTA, Mário Júlio de Almeida / MESQUITA, Manuel Henrique
- Parecer publicado sob o título *"Acção de despejo. Falta de residência permanente"*, na C.J., Ano IX, tomo 1, pág. 17-26.

CRUZ, Rita Barbosa da
- *"O arresto"*, em "O Direito", Ano 132 (2000), vol. I e II, pág. 107-196.

DIAS, João António Álvaro
- *"Dano corporal. Quadro epistemológico e aspectos ressarcitórios"*, Livraria Almedina, Coimbra, 2001.

DIAS, Pedro Branquinho Ferreira
- *"O dano moral na doutrina e na jurisprudência"*, Livraria Almedina, Coimbra, 2001.

DINNI, Enrico A. / MAMMONE, Giovanni
- *"I provvedimenti d'urgenza nell diritto processuale civile e nell diritto del lavoro"*, 6.ª ed., Giuffrè Editore, Milano, 1993.

ENNECERUS, Ludwig
- *"Derecho de obligaciones"*, com revisão de Heinrich Lehmann e tradução para espanhol de Blas Perez Gonzalez e Jose Alguer, vol. II, 2.ª parte, 3.ª ed., Bosch, Barcelona, 1966.

FARIA, Jorge Leite Areias Ribeiro de
- *"Direito das obrigações"*, vol. I, Livraria Almedina, Coimbra, 1990.

FARIA, Rita Lynce de
- *"A função instrumental da tutela cautelar não especificada"*, Universidade Católica Editora, Lisboa, 2003.

FERNANDES, Luís A. Carvalho
- *"Lições de direito das sucessões"*, 2.ª ed., reimp., Quid Juris, Lisboa, 2004.
- *"Lições de direitos reais"*, 4.ª ed., Quid Juris, Lisboa, 2003.

FONSECA, Isabel Celeste M.
- *"Introdução ao estudo sistemático da tutela cautelar no processo administrativo"*, Livraria Almedina, Coimbra, 2002.

FRADA, **Manuel A. Carneiro da**
- *"Uma terceira via no direito da responsabilidade civil ? O problema da imputação dos danos causados a terceiros por auditores de sociedades"*, Livraria Almedina, Coimbra, 1997.
- *"Teoria da confiança e responsabilidade civil"*, Livraria Almedina, Coimbra, 2004.

FREITAS, **José Lebre de / MACHADO, A. Montalvão / PINTO, Rui**
- *"Código de Processo Civil anotado"*, vol. 2.º, Coimbra Editora, Coimbra, 2001.

FREITAS, **José Lebre de**
- *"Introdução ao processo civil. Conceito e princípios gerais à luz do Código revisto"*, Coimbra Editora, Coimbra, 1996.
- Parecer publicado sob o título *"Repetição de providência e caso julgado em caso de desistência do pedido de providência cautelar"*, na "Revista da Ordem dos Advogados", Ano 57, n.º I, pág. 461-483.

FRISINA, **Pasquale**
- *"La tutela antecipatoria. profili funzionali e strutturali"*, na "Rivista di Diritto Processuale", Ano 41 (1986), n.º 2-3, pág. 364-391.

GERALDES, **António Santos Abrantes**
- *"Temas da reforma do processo civil. Procedimento cautelar comum"*, vol. III, 3.ª ed., Livraria Almedina, Coimbra, 2004.
- *"Temas da reforma do processo civil. Procedimentos cautelares especificados"*, vol. IV, 3.ª ed., Livraria Almedina, Coimbra, 2006.
- *"Exequibilidade da sentença condenatória quanto aos juros de mora"*, na C.J. (Ac. do S.T.J.), Ano IX, 2001, tomo 1, pág. 55-62.
- *"Ressarcibilidade dos danos não patrimoniais de terceiros em caso de lesão corporal"*, em "Estudos em Homenagem ao Prof. Dr. Inocêncio Galvão Telles", vol. IV, pág. 263 e seg., Livraria Almedina, Coimbra, 2002.

GOMES, **M. Januário C.**
- *"Arrendamentos para habitação"*, 2.ª ed., Livraria Almedina, Coimbra, 1996.

GONÇALVES, **Luiz da Cunha**
- *"Tratado de direito civil em comentário ao Código Civil Português"*, vol. II, Coimbra Editora, Coimbra, 1930.

GUIMARÃES, **Maria de Nazareth Lobato**
- *"Alimentos"*, em *"Reforma do Código Civil"*, Lisboa, 1981.

JORGE, **Fernando Pessoa**
- *"Ensaio sobre os pressupostos da responsabilidade civil"*, Reimpressão, Livraria Almedina, Coimbra, 1995.

KIPP, **Theodor / WOLFF, Martin**
- *"Derecho de familia"*, tradução para espanhol de Blas Perez Gonzalez e Jose Alguer, vol. I, 2.ª ed., Bosch, Barcelona, 1979.

LEITÃO, **Luís Manuel Teles de Menezes**
- *"Direito das obrigações"*, vol. I, 5.ª ed., Livraria Almedina, Coimbra, 2006.
- *"O enriquecimento sem causa no direito civil"*, Cadernos de Ciência e Técnica Fiscal (176), Lisboa, 1996.

LIMA, **Pires de** / VARELA, **Antunes**
- *"Código Civil anotado"*, vol. I, 4.ª ed., Coimbra, 1987, vol. II, 4.ª ed., Coimbra, 1997, vol. III, 2.ª ed., Coimbra, 1984, vol. IV, 2.ª ed., Coimbra, 1992, e vol. V, 1.ª ed., Coimbra, 1995, todos da Coimbra Editora.

LUCENA, **Delfim Maya de**
- *"Danos não patrimoniais"*, Livraria Almedina, Coimbra, 1985.

MACHADO, **António Montalvão**
- *"O dispositivo e os poderes do tribunal à luz do novo Código de Processo Civil"*, 2.ª ed., Livraria Almedina, Coimbra, 2001.

MACHADO, **João Baptista**
- *"A cláusula do razoável"*, em *"Obra dispersa"*, vol. I, pág. 457-621, Scientia Iuridica, Braga, 1991.

MARCELINO, **Américo**
- *"Acidentes de viação e responsabilidade civil"*, 2.ª ed., Livraria Petrony, Lisboa, 1984.

MARIONI, **Luiz Guilherme**
- *"A consagração da tutela antecipatória na reforma do C.P.C."*, em *"Reforma de Código do Processo Civil"*, coordenado por Sálvio Figueiredo, Editora Saraiva, São Paulo, 1996.

MARQUES, **J. P. Remédio Marques**
- *"Algumas notas sobre alimentos (devidos a menores) "versus" o dever de assistência dos pais para com os filhos (em especial filhos menores)"*, Coimbra Editora, Coimbra, 2000.

MARQUES, **José Dias**
- *"Prescrição extintiva"*, Coimbra Editora, Coimbra, 1953.

MEDICUS, **Dieter**
- *"Tratado de las relaciones obligacionales"*, vol. I, com tradução para espanhol de Ángel Martinez Sarrión, Bosch, Barcelona, 1995.

MENDES, **João de Castro**
- *"Direito processual civil"*, vol. I, A.A.F.D.L., Lisboa, 1978/1979.
- *"O direito de acção judicial"*, Faculdade de Direito de Lisboa, Lisboa, 1959.

MONTEIRO, **António Pinto**
- *"Cláusula penal e indemnização"*, Livraria Almedina, Coimbra, 1980.
- *"Cláusulas limitativas e de exclusão da responsabilidade civil"*, separata do vol. XXVIII, do Suplemento ao "Boletim da Faculdade de Direito da Universidade de Coimbra", Coimbra, 1985.

MONTEIRO, Cristina Líbano Monteiro
- Anotação ao art.º 348.º, do C.P., no "Comentário conimbricence do Código Penal", vol. III, pág. 349-359, Coimbra Editora, Coimbra, 2001.

MONTEIRO, Jorge F. Sinde
- "Estudos sobre a responsabilidade civil", Coimbra, 1983.

MOTA, Guerra da
- "Manual da acção possessória", vol. II, Athena Editora, Porto, 1981.

NEVES, F. Correia das
- "Manual dos juros", Livraria Almedina, Coimbra, 1989

PEREIRA, Célia Sousa
- "Arbitramento de reparação provisória", Livraria Almedina, Coimbra, 2003.

PINTO, Carlos Alberto da Mota
- "Cessão da posição contratual", reimpressão, Livraria Almedina, Coimbra, 1982.

PITÃO, França
- "Uniões de facto e economia comum", Livraria Almedina, Coimbra, 2002.

PRATA, Ana
- "Notas sobre a responsabilidade pré-contratual", Separata da "Revista da Banca", n.º 16, Outubro/Dezembro de 1990 e n.º 17, Janeiro/Março de 1991, Lisboa, 1991.

REGO, Carlos Francisco de Oliveira Lopes do
- "Comentários ao Código de Processo Civil", I vol., 2.ª ed., Livraria Almedina, Coimbra, 2004.

REIS, J. Alberto dos
- "Código de Processo Civil anotado", vol. I, 3.ª ed., Coimbra Editora, Coimbra, 1948.
- "A figura do processo cautelar", no "Boletim do Ministério da Justiça", n.º 3, pág. 27-91.

SANTOS, Boaventura Sousa / MARQUES, Maria Manuel Leitão / PEDROSO, João / FERREIRA, Pedro Lopes
- "Os tribunais nas sociedades contemporâneas. O caso português", Edições Afrontamento, Porto, 1996.

SEIA, Jorge Aragão
- "Arrendamento urbano", 6.ª ed., Livraria Almedina, Coimbra, 2002.

SERRA, Adriano Paes da Silva Vaz
- "Responsabilidade contratual e extracontratual", no "Boletim do Ministério da Justiça", n.º 85, pág. 115-238.
- "O dever de indemnizar e o interesse de terceiros", no "Boletim do Ministério da Justiça", n.º 86, pág. 103-129.
- "Culpa do devedor ou do agente", no "Boletim do Ministério da Justiça", n.º 68, pág. 13-150.

- *"Reparação do dano não patrimonial"*, no "Boletim do Ministério da Justiça", n.º 83, pág. 69-111.
- *"Obrigação de alimentos"*, no "Boletim do Ministério da Justiça", n.º 108, pág 19-194.
- *"Obrigação de indemnização"*, no "Boletim do Ministério da Justiça", n.º 84, pág. 5-243.
- *"Enriquecimento sem causa"*, no "Boletim do Ministério da Justiça", n.º 81, pág. 5-245, e n.º 82, pág. 5-287.
- *"Prescrição extintiva e caducidade"*, no "Boletim do Ministério da Justiça", n.º 105, pág. 5-248, n.º 106, pág. 45-278, e n.º 107, pág. 159-306.
- Anotação ao Acórdão do S.T.J. de 21-6-1968, na R.L.J., Ano 102, pág. 262-268.
- Anotação ao Acórdão do S.T.J. de 12-2-1969, na R.L.J., Ano 103, pág. 172-176.
- Anotação ao Acórdão do S.T.J. de 13-1-1970, na R.L.J., Ano 104, pág. 14-16.
- Anotação ao Acórdão do S.T.J. de 12-2-1970, na R.L.J., Ano 105, pág. 42-48.
- Anotação ao Acórdão do S.T.J. de 17-3-1971, na R.L.J., Ano 105, pág. 63-64.
- Anotação ao Acórdão do S.T.J. de 16-3-1973, na R.L.J., Ano 107, pág. 146-150.
- Anotação ao Acórdão do S.T.J. de 16-4-1974, na R.L.J., Ano 108, pág. 183-186.
- Anotação ao Acórdão do S.T.J., de 4-6-1974, na R.L.J., Ano 108, pág. 221-224 e 227-235.
- Anotação ao Acórdão do S.T.J. de 13-11-1974, na R.L.J., Ano 109, pág. 44-45.
- Anotação ao Acórdão do S.T.J. de 7-10-1976, na R.L.J., Ano 110, pág. 270-272 e 274-280.

SILVA, **Ferreira da**
- *"Providências antecipatórias no processo civil português"*, na "Revista de Derecho Processal", n.º 1, 1998, pág. 363 e seg..

SILVA, **João Calvão da**
- *"Responsabilidade civil do produtor"*, Livraria Almedina, Coimbra, 1990.
- *"Cumprimento e sanção pecuniária compulsória"*, 4.ª ed., Livraria Almedina, Coimbra, 2002.
- *"Sanção pecuniária compulsória (art.º 829.º-A, do Código Civil)"*, no "Boletim do Ministério da Justiça", n.º 359, pág. 39-126.

SOARES, **Adriano Garção**
- *"Seguro obrigatório de responsabilidade civil automóvel: decreto-lei n.º 408/79, de 25 de Setembro, anotado"*, Livraria Almedina, Coimbra, 1980.

Soares, **Fernando Luso**
- *"Direito processual civil"*, Livraria Almedina, Coimbra, 1980.

Soares, **Quirino**
- *"Acessão e benfeitorias"*, na C.J.(Ac. do S.T.J.), Ano IV, 1996, tomo 1, pág. 11-30.

Sottomayor, **Maria Clara**
- *"Regulação do exercício do poder paternal"*, 3.ª ed., Livraria Almedina, Coimbra, 2000.

Sousa, **António Pais de / Ferreira, J. O. Cardona**
- *"Processo Civil – Aspectos controversos da actual reforma. Linha geral dos princípios. Intervenção de terceiros e cautelares. Tramitação em especial dos recursos. Sugestões para futuros."*, Rei dos Livros, Lisboa, s.d..

Sousa, **Miguel Teixeira de**
- *"Estudos sobre o novo processo civil"*, Lex, Lisboa, 1997.

Sousa, **Rabindranath Capelo de**
- *"Lições de direito das sucessões"*, I vol., 4.ª ed. Coimbra Editora, Coimbra, 2000
- *"O direito geral de personalidade"*, Coimbra Editora, Coimbra, 1995.

Strobel, **Daniele de**
- *"L'assicurazione di responsabilità civile"*, 3.ª ed., Giuffrè Editore, Milano, 1992.

Tarzia, **Giuseppe**
- *"Providências cautelares atípicas"*, na "Revista da Faculdade de Direito da Universidade de Lisboa", vol. XV, pág. 241-260.

Teixeira, **Sónia**
- *"As medidas cautelares aplicadas ao processo por incumprimento: efeitos práticos"*, na "Revista da Ordem dos Advogados", Ano 58 (1998), vol. II, pág. 875-927.

Telles, **Inocêncio Galvão**
- *"Introdução ao estudo do direito"*, vol. II, 10.ª ed., Coimbra Editora, Coimbra, 2000.
- *"Direito das obrigações"*, 7.ª ed., Coimbra Editora, Coimbra, 1997.
- *"Direito das sucessões – noções fundamentais"*, 6.ª ed. (reimpressão), Coimbra Editora, Coimbra, 1996.
- Parecer publicado sob o título *"Resolução do contrato de arrendamento – residência permanente, residências alternadas e residência ocasional"*, na C.J., Ano XIV, 1989, tomo 2, pág. 33-35.
- Parecer publicado sob o título *"Alimentos"* na C.J., Ano XIII, 1988, tomo 2, pág.19-21.

Tommaseo, **Ferruccio**
- *"I provvedimenti d'urgenza – strutura e limiti della tutela anticipatoria"*, Cedam, Padova, 1983.

Tuhr, A. Von
- *"Tratado de las obligaciones"*, com tradução para espanhol de W. Roces, Tomo 1, 1.ª ed., Editorial Reus, Madrid, 1934.

Varela, João de Matos Antunes
- *"Das obrigações em geral"*, vol. I, 10.ª ed., Livraria Almedina, Coimbra 2000.
- *"O direito de acção e a sua natureza jurídica"*, na "Revista de Legislação e Jurisprudência", Anos 125 e 126.
- *"A reforma do processo civil português"*, na "Revista de Legislação e Jurisprudência", Anos 129 a 132.
- Anotação ao Acórdão do S.T.J. de 5-11-1983, na R.L.J., Ano 121, pág. 183-189 e 216-224.
- Anotação ao Acórdão do S.T.J. de 5-3-1985, na R.L.J., Ano 123, pág. 155-160, 174-185 e 245-250.

Viney, Geneviève
- *"Traité de droit civil"*, sob a direcção de Jacques Ghestin, tomo 4, *"Les obligations. La responsabilité : conditions »*, L.G.D.J, Paris, 1982.

JURISPRUDÊNCIA

Acórdão do Tribunal Constitucional:
 – de 14-5-1987, no B.M.J. n.º 367, pág. 233, relatado por MAGALHÃES GODINHO.

Acórdãos do Supremo Tribunal de Justiça:
 – de 13-1-1970, no B.M.J. n.º 193, pág. 349, relatado por JOAQUIM DE MELO.
 – de 27-2-1970, no B.M.J. n.º 194, pág. 222, relatado por OLIVEIRA CARVALHO.
 – de 25-1-1979, no B.M.J. n.º 283, pág. 310, relatado por MIGUEL CAEIRO.
 – de 17-2-1981, no B.M.J. n.º 304, pág. 428, relatado por VICTOR COELHO.
 – de 19-3-1985, no B.M.J. n.º 345, pág. 405, relatado por JOAQUIM DE FIGUEIREDO.
 – de 6-11-1986, no B.M.J. n.º 361, pág. 506, relatado por LIMA CLUNY.
 – de 22-10-1987, no B.M.J. n.º 370, pág. 529, relatado por LIMA CLUNY.
 – de 21-4-1993, na C.J. (Ac. do S.T.J.), Ano I, tomo 2, pág. 207, relatado por SÁ NOGUEIRA.
 – de 10-2-1994, na C.J. (Ac. do S.T.J.), Ano II, tomo 1, pág. 95, relatado por FERNANDO FABIÃO.
 – de 9-2-1995, no B.M.J. n.º 444, pág. 542, relatado por MÁRIO CANCELA.
 – de 4-4-1995, no B.M.J. n.º 446, pág. 245, relatado por MARTINS DA COSTA.
 – de 2-11-1995, na C.J. (Ac. do S.T.J.), Ano III, tomo 3, pág. 220, relatado por SÁ NOGUEIRA.
 – de 14-12-1995, no B.M.J. n.º 452, pág. 400, relatado por METELLO DE NÁPOLES.
 – de 9-1-1996, na C.J., Ano IV, tomo 1, pág. 40, relatado por CÉSAR MARQUES.
 – de 29-2-1996, na C.J., Ano IV, tomo 1, pág. 104, relatado por COSTA MARQUES.
 – de 25-3-1996, na C.J, Ano IV, tomo 1, pág. 153, relatado por MACHADO SOARES.

– de 5-6-1997, no B.M.J. n.º 468, pág. 315, relatado por ALMEIDA E SILVA.
– de 14-10-1997, na C.J., Ano V, tomo 3, pág. 61, relatado por JOAQUIM DE MATOS.
– de 10-2-1998, na C.J., Ano VI, tomo 1, pág. 65, relatado por FERNANDO FABIÃO.
– de 23-9-1998, no B.M.J. n.º 479, pág. 520, relatado por GARCIA MARQUES.
– de 12-1-1999, no B.M.J. n.º 483, pág. 157, relatado por FRANCISCO LOURENÇO.
– de 14-4-1999, no B.M.J. n.º 486, pág. 239, relatado por SILVA GRAÇA.
– de 28-9-1999, no B.M.J. n.º 489, pág. 277, relatado por FRANCISCO LOURENÇO.
– de 19-10-1999, no B.M.J., n.º 490, pág. 227, relatado por TOMÉ DE CARVALHO.
– de 8-2-2000, na C.J., Ano VIII, tomo 1, pág. 74, relatado por FERREIRA RAMOS.
– de 21-3-2000, na C.J., Ano VIII, tomo 1, pág. 138, relatado por RIBEIRO COELHO.
– de 27-6-2000, na Sub judice, n.º 18, pág. 9, relatado por PINTO MONTEIRO.
– de 8-5-2003, no site www.dgsi.pt, relatado por ARAÚJO DE BARROS.
– de 26-2-2004, no site www.dgsi.pt, relatado por DUARTE SOARES.
– de 26-2-2004, na C.J. (Ac. do S.T.J.), Ano XXIX, tomo 1, pág. 74, relatado por ARAÚJO DE BARROS.
– de 16-12-2004, no site www.dgsi.pt, relatado por OLIVEIRA BARROS.
– de 22-6-2005, no site www.dgsi.pt, relatado por OLIVEIRA BARROS.
– de 22-9-2005, na C.J. (Ac. do S.T.J.), Ano XIII, tomo 3, pág. 40, relatado por LUCAS COELHO.
– de 6-7-2006, no site www.dgsi.pt, relatado por RIBEIRO DE ALMEIDA.

Acórdãos da Relação de Lisboa:
– de 15-5-1979, na C.J., Ano IV, tomo 3, pág. 779, relatado por SOLANO VIANA.
– de 19-2-1987, na C.J., Ano XII, tomo 1, pág. 141, relatado por CARVALHO PINHEIRO.
– de 2-7-1987, na C.J., Ano XII, tomo 4, pág. 125, relatado por RICARDO DA VELHA.
– de 20-6-1991, na C.J., Ano XVI, tomo 3, pág. 156, relatado por SANTOS BARATA.
– de 17-3-1992, na C.J., Ano XVII, tomo 2, pág. 167, relatado por ARMÉNIO HALL.

- de 19-5-1994, na C.J., Ano XIX, tomo 3, pág. 94, relatado por Freitas de Carvalho.
- de 27-4-1995, na C.J., Ano XX, tomo 2, pág. 130, relatado por Campos Oliveira.
- de 16-5-1995, na C.J., Ano XX, tomo 3, pág. 105, relatado por Pereira da Silva.
- de 12-10-1995, na C.J., Ano XX, tomo 4, pág. 109, relatado por Silva Pereira.
- de 11-1-1996, na C.J., Ano XXI, tomo 1, pág. 82, relatado por Rodrigues Codeço.
- de 8-5-1997, na C.J., Ano XXI, tomo 3, pág. 77, relatado por Pessoa dos Santos.
- de 5-2-1998, na C.J., Ano XXIII, tomo 1, pág. 109, relatado por Campos Oliveira.
- de 31-3-1998, na C.J., Ano XXIII, tomo 2, pág. 122, relatado por Pinto Monteiro.
- de 10-11-1998, na C.J., Ano XXIII, tomo 5, pág. 85, relatado por Roque Nogueira.
- de 19-11-1998, na C.J., Ano XXIII, tomo 5, pág. 103, relatado por Silva Santos.
- de 6-5-1999, na C.J., Ano XXIV, tomo 3, pág. 88, relatado por Urbano Dias.
- de 23-11-1999, na C.J., Ano XXIV, tomo 5, pág. 99, relatado por Santos Martins.
- de 20-2-2001, na C.J., Ano XXVI, tomo 1, pág. 125, relatado por Sampaio Beja.
- de 10-5-2001, na C.J., Ano XXVI, tomo 3, pág. 85, relatado por Silva Santos.
- de 5-7-2001, na C.J., Ano XXVI, tomo 4, pág. 76, relatado por Ana Paula Boularot.
- de 12-7-2001, na C.J., Ano XXVI, tomo 4, pág. 85, relatado por André dos Santos.
- de 24-1-2002, na C.J., Ano XXVII, tomo 1, pág. 87, relatado por Salvador da Costa.
- de 1-10-2002, na C.J., Ano XXVII, tomo 4, pág. 81, relatado por Azadinho Loureiro.
- de 26-6-2003, no site www.dgsi.pt, relatado por Urbano Dias.
- de 2-12-2003, no site www.dgsi.pt, relatado por Santos Martins.
- de 19-2-2004, no site www.dgsi.pt, relatado por Fátima Galante.
- de 4-8-2004, no site www.dgsi.pt, relatado por Abrantes Geraldes.
- de 3-12-2004, no site www.dgsi.pt, relatado por Duro Cardoso.
- de 25-1-2005, no site www.dgsi.pt, relatado por Soares Curado.
- de 16-3-2006, no site www.dgsi.pt, relatado por Manuela Gomes.

Acórdãos da Relação do Porto:
- de 22-7-1977, na C.J., Ano II, tomo 5, pág. 1164, relatado por Oliveira Domingues.
- de 23-2-1978, na C.J., Ano III, tomo 1, pág. 188, relatado por Goes Pinheiro.
- de 14-2-1980, na C.J., Ano V, tomo 1, pág. 40, relatado por José Calejo.
- de 21-12-1988, na C.J., Ano XIII. tomo 5, pág. 235, relatado por Luís Vale.
- de 4-4-1991, na C.J., Ano XVI, tomo 2, pág. 254, relatado por Sampaio da Nóvoa.
- de 9-5-1991, na C.J., Ano XVI, tomo 3, pág. 228, relatado por Aragão Seia.
- de 11-10-1993, na C.J., Ano XVIII, tomo 4, pág. 223, relatado por Antero Ribeiro.
- de 25-1-1996, na C.J., Ano XXI, tomo 1, pág. 208, relatado por Oliveira Barros.
- de 25-6-1997, na C.J., Ano XXII, tomo 3, pág. 239, relatado por Moura Pereira.
- de 13-4-1999, na C.J., Ano XXIV, tomo 3, pág. 203, relatado por Custódio Montes.
- de 21-2-2000, na C.J., Ano XXV, tomo 2, pág. 177, relatado por Eurico de Seabra.
- de 9-3-2000, na C.J., Ano XXV, tomo 2, pág. 190, relatado por João Bernardo.
- de 14-12-2000, na C.J., Ano XXV, tomo 5, pág. 215, relatado por Sousa Leite.
- de 12-11-2001, na C.J., Ano XXVI, tomo 5, pág. 182, relatado por Ferreira de Sousa.
- de 12-12-2002, no site www.dgsi.pt, relatado por Pinto de Almeida.
- de 7-1-2003, na C.J., Ano XXVII, tomo 1, pág. 168, relatado por Fonseca Ramos.
- de 26-6-2003, na C.J., Ano XXVII, tomo 3, pág. 201, relatado por Xavier Silvano.
- de 11-12-2003, no site www.dgsi.pt, relatado por Pinto de Almeida.
- de 17-6-2004, no site www.dgsi.pt, relatado por Baptista Oliveira.
- de 20-10-2004, no site www.dgsi.pt, relatado por André da Silva.
- de 2-2-2005, no site www.dgsi.pt, relatado por Élia São Pedro.
- de 24-2-2005, no site www.dgsi.pt, relatado por Baptista Oliveira.
- de 17-5-2005, no site www.dgsi.pt, relatado por Emídio Costa.
- de 22-11-2005, no site www.dgsi.pt, relatado por Emídio Costa.
- de 5-12-2005, no site www.dgsi.pt, relatado por Cunha Barbosa.
- de 16-1-2006, no site www.dgsi.pt, relatado por Cunha Barbosa.
- de 19-1-2006, no site www.dgsi.pt, relatado por Pinto de Almeida.
- de 23-3-2006, no site www.dgsi.pt, relatado por Baptista Oliveira.
- de 4-5-2006, no site www. dgsi.pt, relatado por Nuno Ataíde.
- de 5-7-2006, no site www.dgsi.pt, relatado por Henrique Araújo.

Acórdãos da Relação de Coimbra:

- de 22-7-1980, na C.J., Ano V, tomo 4, pág. 21, relatado por DÁRIO ALMEIDA.
- de 28-6-1983, na C.J., Ano VIII, tomo 4, pág. 33, relatado por PEREIRA DA SILVA.
- de 9-2-1988, na C.J., Ano XIII, tomo 1, pág. 78, relatado por CHICHORRO RODRIGUES.
- de 12-4-1988, na C.J., Ano XIII, tomo 2, pág. 64, relatado por BENTO DO COUTO.
- de 31-1-1989, na C.J., Ano XIV, tomo 1, pág. 52, relatado por ROGER BENNET.
- de 6-3-1991, na C.J., Ano XVI, tomo 2, pág. 107, relatado por HUGO LOPES.
- de 2-7-1991, na C.J., Ano XVI, tomo 4, pág. 91, relatado por VIRGÍLIO DE OLIVEIRA.
- de 26-10-1993, na C.J., Ano XVIII, tomo 4, pág. 69, relatado por EDUARDO ANTUNES.
- de 20-9-1994, na C.J., Ano XIX, tomo 4, pág. 34, relatado por SILVA FREITAS.
- de 17-2-1998, na C.J., Ano XXIII, tomo 1, pág. 39, relatado por ARAÚJO FERREIRA.
- de 19-10-1999, na C.J., Ano XXIV, tomo 4, pág. 36, relatado por FERNANDO RIBEIRO.
- de 28-3-2000, na C.J., Ano XXV, tomo 2, pág. 29, relatado por NUNES RIBEIRO.
- de 16-1-2001, na C.J., Ano XXVI, tomo 2, pág. 5, relatado por MONTEIRO CASIMIRO.
- de 12-6-2001, na C.J., Ano XXVI, tomo 3, pág. 25, relatado por SERRA BAPTISTA.
- de 5-2-2002, na C.J., Ano XXVII, tomo 1, pág. 30, relatado por CARDOSO DE ALBUQUERQUE.
- de 9-4-2002, na C.J., Ano XXVII, tomo 2, pág. 14, relatado por NUNES RIBEIRO.
- de 14-1-2003, na C.J., Ano XXVII, tomo 1, pág. 7, relatado por SILVA FREITAS.
- de 20-1-2004, no site www.dgsi.pt, relatado por RUI BARREIROS.
- de 25-5-2004, no site www.dgsi.pt, relatado por JORGE ARCANJO.

Acórdãos da Relação de Évora:

- de 22-5-1980, na C.J., Ano V, tomo 3, pág. 23, relatado por FOLQUE DE GOUVEIA.
- de 4-11-1982, na C.J., Ano VII, tomo 5, pág. 262, relatado por FOLQUE DE GOUVEIA.

– de 12-7-1984, na C.J., Ano IX, tomo 4, pág. 286, relatado por Martins Alves.
– de 29-1-1987, na C.J., Ano XII, tomo 1, pág. 289, relatado por Sampaio da Silva.
– de 7-6-1990, na C.J., Ano XV, tomo 3, pág. 283, relatado por António Pereira.
– de 5-3-1996, na C.J., Ano XXI, tomo 2, pág. 276, relatado por Ribeiro Luís.
– de 24-4-1997, na C.J., Ano XXII, tomo 2, pág. 269, relatado por Pita Vasconcelos.
– de 14-1-2002, na C.J., Ano XXVII, tomo 1, pág. 259, relatado por Rodrigues dos Santos.
– de 5-12-2002, na C.J., Ano XXVII, tomo 5, pág. 243, relatado por Ana Geraldes.
– de 22-4-2004, na C.J., Ano XXIX, tomo 2, pág. 251, relatado por Mota Miranda.
– de 14-12-2004, na C.J., Ano XXIX, tomo 5, pág. 254, relatado por Borges Soeiro.

Acórdãos da Relação de Guimarães:
– de 29-10-2003, na C.J., Ano XXVIII, tomo 4, pág. 284, relatado por Manso Raínho.
– de 18-2-2005, no site www.dgsi.pt, relatado por Manso Raínho.
– de 15-3-2006, no site www.dgsi.pt, relatado por Manso Raínho.

ÍNDICE IDEOGRÁFICO*

A
Acessão – **77-78**.
Adiamento da audiência – **44, 132, 136-137**.
Alegações – *80*, **142-143**.
Alteração do pedido – *74*, **138**.
Apoio judiciário – **127**.
Articulados supervenientes – **43-44, 138**.

C
Caducidade
 – da providência – **115-117**.
 – do direito – **128**.
Caso julgado – **28-29**.
Caução – **19, 99-100**.
Citação
 – efeitos – **26, 132-133**.
 – forma – **132**.
Competência – **127, 128, 130**
Concurso de responsabilidades – *111*.
Convite ao aperfeiçoamento – **129- -130, 136**.
Custas judiciais – **97**.

D
Danos morais reflexos – *137*.
Dependência
 – de acção em tribunal arbitral – **25**, *31*, **127**.
 – de acção em tribunal estrangeiro – **25, 127**.
 – de acção executiva – **25**.
 – providências sem dependência – **26-27**.
Depósito – **19**.
Desvalorização da moeda – **114, 120**.
Direito a alimentos – **64 e seg.**.
Dispensa de audição do requerido – **38-39, 131**.

E
Expropriação – **75-77**.

F
Fumus boni juris – **44-45, 57-58**.

I
Incidente de intervenção de terceiros – **43, 138**.
Indeferimento liminar – **129**.

L
Legitimidade – **127**.
Liquidez – **126, 128, 144, 157**.

M
Meios de prova
 – documentos – *79*, **141-142**.
 – em geral – **43, 133, 139-140**.
 – testemunhas – **140-141**.

---

* Os números a negro indicam a página e os números em itálico indicam a nota de rodapé.

N
Nascituros – **66-67**.

P
Pedido
 – civil em processo penal – **126**.
 – condenação para além do pedido – **40, 144**.
Periculum in mora – **18-21, 57**.
Pessoas colectivas – **55**.
Prazo para contestar – **131-132**.
Prestações da Segurança Social – **86-87**.
Produção antecipada de prova – **16-17**, *17*.

R
Reivindicação – *32*.
Renda
 – actualização automática – **97-98**.
 – capital máximo – **98**.
 – início do pagamento – **98-99**.
 – meios de pagamento – **100**.
 – restituição das rendas – **111-112, 119-123**.
Recursos – **110, 129, 131, 145, 151**.

Residência
 – alternada – **80**.
 – secundária – **80**.
Responsabilidade contratual – **58-60, 67-68, 74-75**.
Restituição provisória de posse – **20**.
Revelia – **135-136**.

S
Seguros – **87-88**, *126*.
Subsídios de férias e de Natal – **92**.
Suspensão da instância – **157**.

T
Tentativa de conciliação – **131, 137**.

U
União de facto – **64-65**.
Urgência – **40-44**.

V
Valor do procedimento – **128**.
Venda antecipada
 – de bens dados em penhor – **16-17**.
 – de bens penhorados – **16-17**.

ÍNDICE GERAL

Notas prévias	5
Abreviaturas	7
I – INTRODUÇÃO	9
II – A FIGURA DA PROVIDÊNCIA CAUTELAR NO PROCESSO CIVIL	13
1. Conceito e natureza	13
2. Características das providências cautelares	23
3. Classificações das providências cautelares	30
4. Princípios dos procedimentos cautelares	36
III – A PROVIDÊNCIA CAUTELAR DE ARBITRAMENTO DE REPARAÇÃO PROVISÓRIA	47
1. As origens do arbitramento de reparação provisória no C.P.C.	47
2. Requisitos de aplicabilidade	55
2.1. O direito de indemnização por morte	58
2.2. O direito de indemnização por lesões corporais	67
2.3. O direito de indemnização por dano que ponha seriamente em causa o sustento ou habitação do lesado	73
2.4. A situação de necessidade	81
2.5. O nexo de causalidade	88
3. O conteúdo da providência	89
3.1. A indemnização em forma de renda	92
3.2. O montante da indemnização	94
4. O cumprimento da providência	99
4.1. O crime de desobediência qualificada	100
4.2. A sanção pecuniária compulsória	104
4.3. A execução judicial	109
5. A alteração da providência	112
6. A cessação da providência	115
7. A imputação e restituição da indemnização recebida como reparação provisória	119

IV – O PROCEDIMENTO CAUTELAR DE ARBITRAMENTO DE REPARAÇÃO PROVISÓRIA 125

    1. O requerimento inicial 126
    2. O despacho inicial 128
    3. A oposição 134
    4. A audiência de julgamento 136
    5. A decisão 143

V – O PROCEDIMENTO CAUTELAR EXPERIMENTAL 147

    1. A forma dos actos processuais 149
    2. A agregação de procedimentos 149
    3. A produção de prova 151
    4. O adiamento da audiência de julgamento 154
    5. A decisão 154
    6. A possibilidade de convolação do objecto do procedimento cautelar 155

VI – CONCLUSÕES 159

Bibliografia 165
Jurisprudência 175
Índice ideográfico 181
Índice geral 183